LE NÉNUPHAR ET L'ARAIGNÉE

De la même auteure

Making-of, Hors-Commerce, 1998.
Viande, Grasset, 1999.
Le crépuscule de Barbe-Bleue, Grasset, 2001.
Matricule, Grasset, 2003.
Passerelle (avec Jérôme Bonnetto), Arcane 22, 2004.
La méthode Stanislavski, Grasset, 2006.
Photobiographies (avec Jérôme Bonnetto), Hors-Commerce, 2007.
L'écorchée vive, Grasset, 2009.
Vérité et amour, Grasset, 2013.

Sur l'auteure

Claire Legendre est née en 1979, à Nice. Depuis son premier livre, *Making-of*, elle oscille entre le roman noir et l'autofiction. Elle a vécu à Rome (pensionnaire à la Villa Médicis, en 2000) puis à Prague, avant de s'établir au Québec, où elle enseigne la création littéraire à l'Université de Montréal depuis 2011.

Claire Legendre

LE NÉNUPHAR
ET L'ARAIGNÉE

LES ALLUSIFS

Ouvrage publié sous la direction
de Jean-Marie Jot

Nous remercions le gouvernement du Canada de son soutien financier pour nos activités d'édition par l'entremise du Fonds du livre du Canada. Nous remercions également le Conseil des arts du Canada, la Société de développement des entreprises culturelles du Québec (SODEC) et le Programme de crédit d'impôt pour l'édition de livres du Québec (Gestion SODEC) du soutien accordé à notre programme de publication.

La citation attribuée à Marguerite Duras à la page 28 du présent ouvrage est tirée du roman *Le marin de Gibraltar*, paru chez Gallimard en 1952 : «Dites-moi, dit-elle, quel est le signe annonciateur de la fin d'un grand amour ? Que rien, apparemment, ne l'empêche de durer toujours, dis-je, non ?»

La citation de Cyril Collard à la page 72 est quant à elle tirée du roman *Les nuits fauves*, paru chez Flammarion en 1989.

Copyright © Les Allusifs inc., 2015
www.lesallusifs.com
ISBN 978-2-923682-45-7
Dépôt légal – Bibliothèque et Archives nationales du Québec, 2015

Diffusion et distribution
En France : Actes Sud – UNION DISTRIBUTION
Au Canada : Gallimard ltée – SOCADIS

Mise en pages : Compomagny
Illustration de la couverture : François Berger

Imprimé au Canada

En avril 2013 Jean-Marie Jot m'a invitée à écrire pour une collection des Allusifs intitulée «Les peurs». Il n'y avait pas d'impératif formel ni générique. Ce devait être court. Ça pouvait être un récit, un essai, un recueil, un kaléidoscope… et ça devait parler des peurs. J'ai commencé à étudier les miennes, de manière systématique, pour les comprendre et voir ce qu'on pouvait en dire. La collection n'existe plus mais le texte est là.

C. L.

Tout en jouissant au possible
de la minute présente,
je surmonte incomplètement
le trouble qui me vient au fond de l'âme.

André Breton, *Arcane 17*

L'ironie tragique

L'hypocondrie est une maladie souterraine qui passe inaperçue à force d'être reléguée hors de vue par les symptômes qu'elle emprunte à toutes les maladies mortelles. L'hypocondriaque a mal dans la poitrine. Essentiellement (c'est d'ailleurs de là que vient son nom, littéralement : sous les cartilages des côtes). Il éprouve d'autres douleurs tout aussi pénibles, mais celle-ci est de loin la plus étourdissante. Parce que, l'hypocondriaque sait bien que dans la poitrine il y a les poumons et qu'à gauche un peu plus bas il y a le cœur. Ces aiguilles qui semblent s'enfoncer entre ses côtes, cet étau qui semble enserrer son thorax et qui l'empêche d'inspirer à fond, c'est évidemment le début d'une fin certaine et imminente. L'hypocondriaque traitera avec le plus grand mépris ses maux de ventre, parce que le ventre n'est pas mortel (enfin, pas à courte échéance), il dédaignera aussi toutes les irrégularités mécaniques de ses bras, jambes, ses douleurs dorsales, etc. Mais le moindre chatouillis dans la poitrine lui donnera des vertiges à coloration morbide. Il le sait, tout va bien : l'électrocardiogramme de la dernière fois était formel. L'auscultation de sa respiration a tous les aspects de la normalité la plus sécurisante malgré le paquet de clopes quotidien qu'il s'enfile en culpabilisant. Mais il y a quelque chose de plus

La prophétie

Il était prévu d'en finir le 3 juillet 2007. Ça avait été décidé de longue date. En plusieurs fois, et de façon méticuleuse. Il me semble que l'idée a surgi dans l'enfance. À l'école. Vers neuf ou dix ans. J'avais une camarade, j'ai oublié son nom, une petite gitane arrivée dans l'année, très sympathique, elle lisait les lignes de la main. J'aimais ça, car ma grand-mère nous tirait les cartes tout en priant pour nous à l'église, elle faisait des neuvaines, laissant brûler le cierge neuf jours au risque de faire flamber l'appartement, consultait de temps à autre une voyante et m'emmenait à la messe le dimanche à l'occasion, une fois par an à Padoue pour Saint-Antoine et rapportait aussi des jerricans d'eau de Lourdes, qu'il nous fallait boire pour garder la santé, réaliser nos prières, nos vœux, nos désirs : autant de synonymes. Ma grand-mère nous aimait ainsi, de toute sa bienveillance elle intercédait pour nous auprès des forces décisionnaires – dieux, saints, planètes, cartes, pendule, chats noirs et chapeaux distraitement, malencontreusement posés sur les lits, miroirs tragiquement brisés, et le pire, le pire : la voisine qui osait nous gratifier certains matins d'un « bonne journée » porteur de poisse, et qu'on se débrouillerait pour ne plus croiser ou le moins possible. Je crois qu'un jour elle a fini par lui demander de ne plus lui souhaiter une bonne journée et j'aurais donné cher pour voir la tête de la voisine à cet instant, ou mieux, à l'instant où, quelques semaines après, la formule lui échappa. Bonne journée pardon.

La petite gitane lisait donc les lignes de la main et je ne sais par quel jeu romantique, maladroit ou pervers, elle m'annonça un jour, dans la cour de l'école, que je mourrais à vingt-sept ans. Cela ne me troubla pas outre mesure : vingt-sept ans c'est encore assez loin quand on en a neuf ou dix. Ça permet de ne pas envisager la vieillesse, «fanée sous ma dentelle», c'est presque flatteur tant ça fait rock-star, elle m'avait inscrite au club des vingt-sept, avec Jim Morrison, Hendrix, Janis Joplin, avant même qu'y fassent leur entrée Cobain et Winehouse. J'étais partante.

Ça n'avait rien de tragique, je n'en parlai pas à Maman. Il était bien établi dans ma tête qu'à vingt-sept ans on ne meurt pas de maladie. Il était déjà certain que j'échapperais à l'overdose car après la présentation que nous avait faite en classe le bénévole du centre de prévention, la came n'était pas ma came. À vingt-sept ans on mourait d'accident. On mourait sur la route. S'est ancrée en moi cette idée à la fois nébuleuse et très précise que je mourrais à vingt-sept ans dans un accident de la route.

Je n'ai jamais passé le permis de conduire.

À treize ans, tandis que le film d'Oliver Stone instaurait un revival *The Doors* très efficace, et que je passais mes week-ends dans des bars enfumés à écouter (en fumant) des groupes de blues jouer des trucs mélancoliques et extatiques (tantôt l'un, tantôt l'autre, tantôt les deux à la fois), nous avons fomenté notre projet, avec Lisa. Lisa était ma meilleure amie. Blonde pareil, yeux verts pareil, mais plus petite-jolie-mignonne que moi, ce qui soulignait ma gaucherie, ma peau qui n'a jamais cessé d'être ingrate, et mon tour de cuisse qui n'a cessé d'enfler. Sa peau vieillirait lisse, ses cuisses s'écarteraient maigres. Les garçons me demandaient si je promenais ma petite sœur, ce qui était mon unique revanche et qui faisait rager Lisa.

À vrai dire ce n'était pas mon unique revanche. Lisa était probablement plus perdue que moi. Elle dormait chez moi dès que possible. Elle me volait au passage une barrette, un rouge à lèvres, un stylo. Lisa avait perdu une grande sœur dans l'enfance, une fille blonde et douce morte de méningite à neuf ans. Elle se vengeait sur moi. En vraie fille unique, j'aimais les moments exclusifs, les tête-à-tête, les secrets, les conversations infinies, les rêves partagés, mais à un certain point du week-end l'air me manquait et je mettais gentiment Lisa à la porte (peut-on faire cela gentiment ?).

Lisa et moi passions de longs après-midi à arpenter la ville en rêvant de rencontrer l'amour, qui aurait forcément les traits d'un mauvais garçon, musicien si possible, car nous avions vu *The Doors* et nous voulions bien souffrir comme Pamela Courson pourvu que Jim soit aussi excitant que l'original, qu'il ait une belle voix grave, éventuellement les cheveux longs, et de nombreuses déviances indomptables et attachantes. Notre réplique préférée « t'as mis ta queue dans cette nana ? » nous semblait garante d'une vie bien remplie. Je regardais *My Own Private Idaho* en rêvant d'être un jeune éphèbe homosexuel malheureux. Mourir jeune, vivre vite : l'évidence était plus que jamais constitutive du rêve.

Je me souviens d'une journée passée à arracher méthodiquement les affiches du Front national devant l'école où j'habitais. Tout en nous abîmant les ongles à décoller coin par coin les photographies déjà moustachues de Le Pen et Mégret, nous rêvions à notre vie future. C'était l'époque pré-grunge, nous écoutions en boucle *Use Your Illusion* sans nous douter combien ce titre nous ferait mal plus tard (et l'album un peu honte). Lisa s'imaginait flirtant avec Axl Rose et je me voyais plutôt avec Slash, dans une décapotable rouge en plein désert d'Arizona, nous arrêtant pour baiser sur le bord de la route, détruisant passionnément nos bronches et nos chambres de motel. Les images étaient nettes. Je m'en souviens parfaitement. Il fallait juste trouver un moyen d'entrer en contact avec eux. Moi j'écrivais et ça ne suffirait pas, Lisa voulait être comédienne, ce qui me semblait puéril. Nous fumions des pétales de rose et pas mal de cigarettes. Lisa tirait sur le joint des garçons quand il y en avait. Je nettoyais son vomi. Je n'étais jamais soûle. Nous buvions du lait-Malibu. Nous avons décidé de mourir à vingt-sept ans, je ne sais plus comment c'est venu, probablement de moi puisque l'idée était déjà instillée dans mon cerveau depuis quelques années. Nous voulions mourir le 3 juillet comme Jim Morrison. Au début j'avais voulu mourir fin janvier car j'étais amoureuse d'O. qui était né fin janvier, mais pour Lisa bien sûr ça n'avait aucun sens, je ne lui avais même pas présenté O. de peur qu'elle s'en serve comme de mes barrettes, mes rouges à lèvres, mes stylos, qu'elle se l'approprie pour être un peu plus moi. Je me méfiais de plus en plus de Lisa. Nous avions vu ensemble *Jeune fille partagerait appartement* et je la regardais depuis avec circonspection. Bref j'avais abandonné la date d'O., qui était lui-même chanteur, avait la voix grave et le déhanché magnétique, pour l'historicité plus universelle de l'icône disparue : Morrison nous servirait de guide.

Le 3 juillet 2007, nous irions à Castellane, un joli village où mon père m'avait emmenée en vacances (et qui était connu – mais ça n'a rien à voir – pour abriter une secte d'illuminés aux monuments spectaculaires à la gloire de leur gourou). Nous passerions la nuit à l'Hôtel du Commerce avec deux gigolos ou serveurs ou touristes, nous nous ferions un gueuleton du diable et une orgie sexuelle extraordinaire, nous testerions toutes les drogues possibles et à l'aube, douze kilomètres en décapotable rouge, Thelma et Louise, la falaise du Point sublime, en robe blanche avec des bas résilles et un bracelet de force, très Courtney Love, saut de l'ange, corps fracassés sur les rochers. Clap de fin.

J'avais pris des photos, repéré les lieux, essayé l'hôtel, jaugé la hauteur des gorges. Ne restaient plus que treize ou quatorze petites années pour inscrire notre vie au panthéon des inoubliables. Pression maximum. Écrire Vivre. Aimer. Vite vite. Fumer des cigarettes et baiser. Rien à perdre.

Nous avons cessé de nous voir à quinze ans, tandis que j'essayais de survivre au mariage d'O. et que Lisa changeait de ville pour suivre une option théâtre qui lui permettrait de réaliser ses rêves. Le principe de la jeune vie tôt finie est resté ancré assez profondément dans mon esprit, de manière plus ou moins élastique, plus ou moins romantique. À dix-sept ans je disais que je me suiciderais à trente-cinq si je n'avais rien publié. Mon premier roman a paru l'année de mes dix-huit ans. Il n'était pas assez inoubliable pour me sauver de l'oubli. J'ai continué à essayer de faire quelque chose qui me permettrait de mourir en paix. J'ai vécu – pas assez – et j'ai écrit – pas assez. Et puis un jour j'ai eu vingt-sept ans.

Deadline

À l'aube de mes vingt-sept ans, quelque chose se modifie. Le doute qui plane se rapproche anxieusement. Je n'ai pas du tout envie de mourir le jour prévu, mais je suis superstitieuse et j'ai joué avec le feu. Quelque chose me rappelle sans cesse au volatil, au précaire. L'amour que j'ai peur de perdre – mais une peur maladive. La vie qui se glisse si vite hors des corps. Je l'ai vu quelquefois. Mes grands-parents d'abord, les femmes vite, sans crier gare, deux grands-mères comme des coups de poing dans le ventre. Mon grand-père, le seul que j'ai connu, s'est laissé dépérir quatre ans avant de nous échapper complètement. J'ai vu leur corps mort, et leur visage qui n'était plus eux. J'ai fait du bénévolat en maison de retraite ensuite, pour rester au contact des vieux, pour ne pas oublier la mort, m'y acclimater peut-être (mais c'est surtout à l'odeur de la pisse qu'on s'acclimate dans ces établissements). J'ai eu une rencontre forte, avec une vieille dame, Delfina, une Italienne édentée qui avait eu la vie dure, vu mourir son mari, son fils et son petit-fils, et qui m'aimait comme sa dernière amie. Je suis arrivée un quart d'heure trop tard, et je l'ai vue morte elle aussi. Et je ne sais pas si je me le suis pardonné. Je me souviens de son regard mutin, de son humour, et qu'elle trouvait que j'avais de belles dents.

À vingt-sept ans, j'ai commencé à redouter la mort. C'était nouveau. J'ai compris alors, peut-être, quelle avait été jusqu'ici la fonction du 3 juillet 2007. Ce jour, tôt pour mourir convenons-en, avait été un cocon adolescent qui me préservait du moins de mourir avant. Qui aurait l'audace de me menacer d'une mort anticipée tandis que je me proposais déjà de sacrifier à la gloire, à la beauté du geste, à l'imaginaire romantique le plus naïf et le plus éculé, les deux tiers de mon espérance de vie ?

En janvier 2007, la peur a commencé de m'étreindre doucement. Ce fut d'abord sur la route. N'ayant pas passé le permis, j'occupais depuis toujours la « place du mort ». Mes parents avaient conduit tard. Ma mère était encore très tendue au volant, j'absorbais son stress par empathie, par rhizome, presque par placenta. Mon amoureux, lui, conduisait paisiblement, mais avec lassitude car il devait parcourir presque quatre-vingt-dix kilomètres par jour pour aller au travail et en revenir, sur une autoroute bondée de cons et de camions. Cela m'impressionnait beaucoup, et je me levais chaque jour à 6 h 30, par pure superstition, pour embrasser Jérôme avant son départ, certaine que le jour où j'omettrais de le faire, un accident pourrait l'emporter et me désigner coupable, moi symboliquement, de ne pas l'avoir assez aimé, assez protégé, de l'avoir livré au hasard.

Cette année-là j'ai commencé à ne plus supporter les longs trajets en voiture, les autoroutes à trois voies qui me serraient si fort le ventre qu'à l'arrivée j'avais mal partout, entortillée sur mon siège, glissée le plus bas possible pour échapper éventuellement au pare-brise, essayant de dormir car c'était, y compris pour le conducteur, la situation la plus confortable.

Cette même année, tandis que les campagnes anti-tabac battaient leur plein, et que je m'enfilais un paquet de cigarettes par jour depuis quatorze ans, j'ai commencé à m'étouffer. À sentir battre mon cœur, à revivre en pensée le processus de l'infarctus qui avait emporté ma grand-mère, à imaginer celui de l'embolie pulmonaire qui avait failli perdre Josiane, une amie de Maman qui avait, comme moi, combiné tabac et pilule jusqu'à ce qu'à trente ans une nuit son sang se mette à faire des bulles, et je réalisais si bien ces symptômes à l'intérieur de moi, jusqu'à les éprouver le plus précisément possible, avec une acuité telle qu'ils devenaient crédibles. J'ai passé au printemps 2007 mon premier électrocardiogramme, qui était parfait, et ma première radio des poumons. Elle aussi, nickel. À peine croyable.

Le 3 juillet 2007 il ne s'est rien passé. Nous avons trinqué. La vie s'est poursuivie miraculeusement sans encombre. C'est-à-dire avec les encombres habituels. Une chose a néanmoins changé, irréversible : je pouvais désormais mourir n'importe quand.

Le roman

Une chose est particulière aux romanciers : nous écrivons des histoires à partir des nôtres, et ce faisant nous donnons du sens aux nôtres, qui n'en ont pas. Chaque geste, chaque parole fait sens. Comme dans un Hitchcock un insert sur l'arme du crime nous la désigne pour ce qu'elle sera. Nous regardons ainsi notre vie, au moment de la vivre, avec cet appétit rétrospectif anticipé d'instiller du sens à ce qui en est pour l'instant dépourvu. Nous essayons de deviner la suite. C'est un orgueil déraisonnable : nous nous prenons pour Dieu.

Je n'écris pas « nous » d'habitude mais je sais, ici, que je ne suis pas seule. Je connais suffisamment de personnes qui jouent comme moi à se prendre pour Dieu en fiction, en écriture. Qui manipulent comme moi des figurines qui leur ressemblent trait pour trait. Ceux que je fréquente sont athées. C'est pour cela qu'ils jouent à être Dieu. Pour en pallier l'absence. Pour imaginer que nous ne vivons pas en vain. Pour que ce qui se dérobe à l'entendement tous les jours trouve, fût-ce absurdement, noir sur blanc, une signification de fortune. Pour s'arracher au dérisoire. De force. Et nous parvenons à force de tempérance, à construire des puzzles à partir de cailloux désunis que nous taillons pour les faire s'emboîter. Ça nous rassure. À la fin, quand ça finit par faire trois cents pages, nous avons le sentiment fugace d'avoir mis de l'ordre. Rangé notre chambre. Compris quelque chose.

Cela pose quelquefois des problèmes. J'ai passé des journées entières à jouer ma vie sur un mot : si je dis à cet homme que j'ai envie de le voir, que va-t-il se passer ? Va-t-il avoir envie de me voir lui aussi ou bien prends-je le risque d'affaiblir l'hypothétique désir qu'il aurait déjà en lui en lui exposant le mien ? Comme aux échecs, toujours un coup d'avance. Et si je lui fixe un rendez-vous qu'il refuse, comment l'encaisser ? Et s'il accepte, comment faire face ensuite ? L'arbre généalogique des hypothèses de développement de mon intrigue m'étreint si fort la gorge que je ne prononce pas un mot. La conscience de la fragilité extrême du désir amoureux me vient des livres. La cristallisation, de Stendhal qui la dissèque. Son terrifiant contraire, la mort accidentelle du désir, d'une nouvelle de Colette intitulée *Le Képi*, et qui montre la joie d'une femme après l'amour, avec un officier plus jeune qu'elle dont elle emprunte le képi pour jouer, et tandis qu'elle s'abandonne à chanter, à « faire l'idiote », le regard de son amant vacille et soudain, devenue grotesque dans le miroir de ses yeux elle s'aperçoit qu'elle a touché à la hache, irrémédiablement l'amour est dissout. Le jeune homme ne viendra plus la voir. Elle se drapera dans une dignité de façade qui peine à dissimuler sa honte. L'humiliation d'avoir fait disparaître la magie. Ce verdict m'a glacée, si bien qu'en face de l'homme auquel je pense, j'ose à peine parler ou bouger dans la terreur de commettre un impair et plutôt, je m'abîme dans la rêverie infinie de la somme des possibles, qui n'est jamais décevante, qui ne se heurte jamais à la frontière de la peau. Quand on est Dieu, on n'est pas homme. Ni femme. Ni rien. On est une conscience pure. De ne pas exister, la jouissance est infinie.

C'est ici, n'est-ce pas, que le bât blesse : être Dieu dans les livres vous formate l'esprit si efficacement qu'il est ensuite intenable de ne l'être pas dans la vie : comment se résoudre à accepter de ne pas savoir à l'avance le sens et le devenir des choses. Lorsque mes parents m'ont appelée Claire ils ont pris un risque. Toute mon enfance on m'a raconté cette histoire : je m'appelais Claire mais à la naissance mon visage était rouge et mes cheveux très noirs. Pendant six mois ils l'ont été et la voisine disait : vous auriez dû l'appeler Brunette. Au fil du temps mes cheveux sont tombés et de nouveaux sont apparus, d'un blond prophétique, d'un blond miraculeux. La nature voulait bien en fin de compte donner le dernier mot à ces parents éperdus qui feraient désormais la nique à la voisine. Et ses yeux verts, vous avez vu. Et son teint pâle.

Dans un livre, c'est facile : je rêve d'une héroïne gracieuse, à l'humeur égale et à la patience d'ange, je la baptise Constance et hop : la voilà.

La douleur

Tous les jours je tente de donner un sens à des événements qui n'en ont pas encore. Je manque de patience. Au début, quand je me suis retrouvée dans ce pays, j'étais malheureuse et je ne comprenais pas ce que j'étais venue y faire. J'ai commencé à avoir mal partout et peu à peu j'ai formé l'idée que peut-être, après ce qui m'était arrivé dans le pays précédent où ma vie s'était effondrée, peut-être ici j'y étais pour mourir et toutes ces douleurs prendraient un sens. Un sens précis qu'il s'agissait de leur assigner dès maintenant si je ne voulais pas qu'il vienne me cueillir par surprise à l'orée du bois. J'ai construit cette conviction que j'allais mourir ici, avant que la maladie se profile je l'ai inventée. Je l'ai inventée pour en être l'auteur au cas où elle existerait cette maladie, qu'au moins elle ne s'impose pas, qu'elle soit mon œuvre. J'aurais alors l'illusion de la maîtriser. Elle me ferait peut-être moins mal de n'être pas une chienne sournoise infiltrée par-derrière. Alors je lui ai presque donné un nom, je lui ai trouvé des sources, des symptômes. Tout était logique et s'agençait fort bien.

La douleur est réelle. On n'invente pas la douleur. Pourtant, c'est sans doute la clé de l'hypocondriaque, cette douleur est autant l'agent que l'objet. Je suis agie par elle autant qu'elle l'est par moi.

Je ne suis pas dupe de la douleur : je me connais. En même temps que j'agence mes symptômes pour en faire un puzzle implacable, je sais bien que j'invente. Je sais que probablement, cette maladie est une création de mon esprit. Mais la dénoncer comme telle c'est me mettre à sa merci. Alors je la cultive, je la tiens en laisse.

Une maladie à la mode

Décembre 2009. Ça faisait deux mois que je pouvais faire porter mon hypocondrie sur la peur de la grippe A. Elle avait peu tué, mais je venais d'apprendre qu'elle avait emporté l'amoureux d'une chanteuse française qui avait annulé son concert à Prague. Et voilà que l'Ambassade de France me fournissait l'occasion exceptionnelle de jeter mes peurs aux orties : une séance de vaccination groupée était organisée samedi et dimanche dans le gymnase du Lycée français, rien que pour nous, les ressortissants français de République tchèque, qui n'aurions pas eu cette opportunité en métropole. Bref, j'avais décidé de me faire vacciner et de me défaire de mes peurs – en goûtant déjà le délice que ce serait de n'avoir plus peur de rien. La date approchant, je sentais vaciller mon enthousiasme : ma vieille otite pragoise avait repris du service, j'avais recommencé le traitement anti-allergique, j'avais un peu de fièvre et je multipliais les lectures sur Internet concernant les effets secondaires du vaccin que la France destinait à ses expatriés, le Focetria :

Très fréquent : Douleur, induration de la peau au site d'injection, rougeur au site d'injection, gonflement au site d'injection, douleurs musculaires, maux de tête, sueur, fatigue, malaise, frissons.
Fréquent : Ecchymoses au site d'injection, fièvre et nausées.

Peu fréquent : Symptômes analogues à ceux de la grippe.
Rare : Convulsion, yeux gonflés et anaphylaxie.

Les effets secondaires sont, dit-on, potentiellement aggravés lorsqu'on vaccine un sujet déjà malade. L'idée de me faire injecter du blanc d'œuf additionné d'huile de foie de requin aromatisée au virus H1N1 mort me glaçait le sang. Sur le chemin du lycée, ma tête tournait, je pensais à Sarkozy qui a peur des piqûres et aussi à mon amie A. qui tourne de l'œil à chaque prise de sang. J'ai vu le moment où je tomberais dans les pommes en recevant le vaccin. À l'intérieur du gymnase, beaucoup de têtes connues – j'ai repris du poil de la bête. Quand je me suis retrouvée devant le médecin, il a regardé le fond de ma gorge, et il a dit avec sa voix tchèque, douce et définitive : « Non, c'est pas bon pour le vaccin. » Il m'a demandé ce que je prenais comme médicaments, et il a secoué la tête : « Non, désolé. » Je me suis sentie revivre comme un réformé du service militaire. Je l'aurais embrassé. Puis, petit à petit j'ai senti renaître la peur originelle : celle d'attraper la grippe.

L'abandon

La superstition est une arme à double tranchant : tandis qu'on l'utilise pour se défendre elle nous blesse les doigts. Et tandis que le danger qu'elle prétend combattre est toujours incertain, l'entaille qu'elle nous fait saigne bel et bien. Je n'ai plus que des moignons de doigts.

Mon père, en homme de théâtre, a l'habitude de répéter, je l'entends depuis mon plus jeune âge, qu'un acteur qui n'a pas le trac avant de jouer l'aura pendant, et risque d'être mauvais. J'ai fait mienne cette devise à l'époque où enfant je montais sur les planches et je l'ai étendue ensuite, mécaniquement, à toutes les situations de la vie. Elle justifie mon angoisse, mieux : elle la suscite. Car si je n'ai pas peur c'est que cette peur se loge, perfide, en un endroit secret d'où elle jaillira à son heure pour me saisir. À la pire heure, s'entend. Cette menace suffit à déloger la peur, à la faire advenir. J'affronte donc un trac au carré, un trac fabriqué, auto-conditionné. Je nourris ma propre insécurité en cultivant le doute. Dans toutes les étapes de la vie sociale, la peur que je n'ai pas déclenche la peur que j'ai.

Ce mantra, qui a sa raison d'être au théâtre, mais qui est capable de vous gâcher la vie hors de ce contexte précis, a son équivalent dans le domaine sentimental, également transmis par la parole paternelle. C'est une citation de Marguerite Duras, j'ignore de quel livre elle est issue. Je ne sais si elle est exacte et je la rapporte telle que je l'ai entendue : « Quel est le signe annonciateur de la fin d'un grand amour ? Que rien, apparemment, ne l'empêche de durer toujours. » En amour, de confort, tu ne connaîtras point. Car tout ce qui pourrait te rassurer te mettra la puce à l'oreille et ce mouvement de réassurance qu'un mot d'amour enclenche, qu'un geste scelle, contient sa propre négation, sa pulsion morbide, le doute suprême qui s'insinue au moment même où il est vaincu. Il faut qu'un amour soit impossible pour qu'il dure. Ce n'est pas seulement un schème romanesque, c'est une conviction chevillée au ventre.

Lorsque j'ai rencontré Jérôme en l'an 2000, nous avions six mois devant nous. Il devait partir six mois plus tard au Canada pour un an – je vivais à l'époque dans le Sud de la France : un an et sept mille kilomètres nous semblaient l'infini. Dès le début, cette date de péremption a mis sur l'amour une pression terrible, absolue, postulant un impossible qui rendait l'histoire précieuse, urgente, extraordinaire. Je ne savais pas, mais je l'appris au printemps, qu'un deuxième obstacle se superposait au premier : une femme attendait le retour de Jérôme, une femme qu'il avait romantiquement quittée pour la retrouver quelques mois après, et leur accord mettait en échec mon amour naissant. Les mois passèrent, leur histoire se rompit, Jérôme renonça ensuite à partir au Canada. Au début de l'été notre amour ne connaissait plus d'entrave : j'étais heureuse, confiante pour la première fois. Le 5 juillet, Jérôme me quitta.

Lorsque Jérôme m'a quittée en juillet 2001, après quelques mois de relation incertaine qui venaient de s'apaiser en une promesse de possible, j'ai gardé son appareil photo en otage. Je voulais être certaine qu'il reviendrait. Il y avait cet objet, le plus précieux qu'il possédait, je l'ai agrippé de toutes mes forces après avoir tenté d'agripper ses jambes et qu'il m'en a détachée. Il m'a laissé l'appareil et il est effectivement venu le chercher quelques semaines après. Plus tard, alors que Jérôme avait finalement récupéré tout ce qui lui appartenait et qu'aucune autre raison que le désir ne pouvait le motiver à venir me voir, il est revenu un soir, revenu pour rester, et nous avons partagé dix ans de notre vie.

Aujourd'hui, quand je me demande si l'homme auquel je pense va me rappeler, je regarde quelques objets qu'il a laissés chez moi et je me flatte de les détenir comme un trésor qui promet son retour. Je sais que rien ne peut faire revenir un homme qui ne désire pas revenir, mes otages n'ont d'autre fonction que de calmer ma peur.

J'ai aussi une foule de gris-gris magiquement liés à des personnes dont la bienveillance m'est une providence et qui m'encouragent à vivre : un coussin brodé de la main de Monika, d'un point hongrois « grande écriture » et qu'elle a fabriqué pour moi à la veille de mon départ de Prague. Une paire de boucles d'oreilles en argent, sur un motif de Mucha, offerte par mes élèves de l'atelier d'écriture. Une marionnette à doigt, un petit lion en tricot, offert aussi par Monika, qu'elle a baptisé « Léon le courageux » et qui est censé me donner du courage quand j'en manque. La bague de fiançailles de ma grand-mère maternelle qui ne quitte pas ma main droite. Un vitrail en forme de papillon offert par Marketa, une inclusion en verre de la tour de Baytirek ramenée du Kazakhstan par P., un panneau

«21 means 21 we ID» arraché pour moi dans un bar de Missoula par Michel, un grand nombre de sulfures provenant d'endroits différents, une clochette de la CSN donnée par des manifestants au printemps 2012. Un ours en peluche que je planque dans ma table de nuit. Le pendule de ma grand-mère paternelle, qui était formel en 1986 au-dessus d'une double page de *Paris Match* : Bernard Laroche n'a pas tué le petit Grégory. Quelques fleurs d'immortelles cueillies en Corse par ma mère. Des agates multicolores ramassées sur une plage de Percé – elles ne me lient à personne qu'à moi, et à la splendeur du paysage, elles sont peut-être pour cela les plus rassurantes d'entre les gris-gris, parce que leur pouvoir n'est conditionné à rien qui m'échappe. Quand je regarde mes index, leur forme incurvée me rappelle ceux de mon père et y penser me donne parfois de la force. C'est ainsi que je convoque l'un ou l'autre de mes bienfaiteurs au gré de mes besoins. Les ayant à disposition autour de moi, en moi, ils ne risquent pas de m'abandonner. Je les possède, je les agis. Non pas eux mais leur essence, dans la magie métonymique du talisman qui les lie à moi.

L'identification

Il paraît qu'on mesure l'empathie à la contagion du bâillement. Si je bâille en face de vous, bâillez-vous ? L'empathie consiste peut-être à savoir se mettre à la place de l'autre. Il paraît que cela passe par les neurones-miroirs, qui nous permettent d'interpréter les expressions d'autrui pour les transposer dans le champ de notre propre affect. Mais dans ce mouvement de l'empathie, deux gestes : 1) imaginer ce que je ressentirais, moi, à la place de l'autre ; 2) imaginer ce que ressent l'autre.

À partir d'un certain âge on est généralement capable d'effectuer ces deux opérations avec plus ou moins d'efficacité, ce qui est une des conditions de la vie sociale. Cela peut même aider à jouer au théâtre ou à écrire des romans. Toutefois il est des situations, ou plus exactement des sujets, qui déclenchent dans le cerveau une telle intensité émotive que l'étape 2 passe à la trappe. Pour l'hypocondriaque, entendre le récit de la maladie d'autrui ne produira pas autre chose qu'un réflexe panique qu'il tentera d'enrayer en fuyant la conversation. Non que je ne plaigne pas sincèrement le malade, le réchappé ou le mort, mais ma compassion est réduite à sa plus simple expression par une identification excessive. Je me souviens de Marie me racontant les premiers symptômes de sa sclérose en plaques. Une tache noire dans l'œil. Puis un œil noir complètement, sans crier gare. J'avais déjà les yeux secs et des zigzags de lumière venaient parasiter mon champ visuel. Je me souviens de l'aorte gonflée du père de G. qui me fit mal à l'estomac. Je me souviens de douleurs vives qui me mettaient à la torture et que je peinais à cacher et qui me faisaient honte. J'esquivais, je détournais la conversation, je trouvais des prétextes pour m'enfuir car je sentais mon souffle court, mes muscles tendus, il me fallait me sauver impérativement pour ne pas attraper, non la maladie mais ses symptômes, dans l'heure. C'est encore à toi que tu penses, pensais-je, me mortifiant d'être si peu généreuse, si centrée sur moi-même. En vérité je ne pensais pas : je me contentais d'incarner ce qu'on me racontait, spontanément et simultanément. Un acteur n'aurait pas mieux fait. La panique me fait intérioriser si fort les récits d'autrui – pourvu qu'ils touchent l'objet de mon angoisse – qu'éprouvant ces symptômes vraiment mais pour rien, je me trouve incapable de compatir avec mon interlocuteur qui les éprouve, lui, dans leur implacable réalité. Je suis si «bon public» que j'occulte l'autre pour me mettre à sa place.

Un jour, je déjeunais avec Helena, j'étais séparée de Jérôme depuis quelques jours. Helena me dit au détour d'une phrase, sans manifester spécialement d'angoisse, qu'elle ignorait avec qui son mari déjeunait à midi. Elle ne lui avait jamais posé la question. J'eus un élan de panique, une réminiscence de ma propre inquiétude, un tourment qui avait duré dix ans. Puis aussitôt, un soupir de soulagement de n'avoir plus à m'inquiéter pour cela. Ce fut le seul bénéfice de notre rupture : cette quiétude par défaut qui m'autorisait, par exemple, à déjeuner en paix.

Le médicament

La peur est une maladie qui a son remède. L'anxiolytique soigne la peur lorsque l'on considère que la peur n'est pas fondée, qu'elle procède non pas d'une cause légitime, mais d'un mécanisme dévié. Ce qui s'appelle en France Lexomil s'appelle en Tchéquie Lexaurin et au Canada Lectopam.

Aucun médecin français ne m'a jamais prescrit de Lexomil. Il m'arrive rarement d'avaler du Lexaurin tchèque. Son efficacité me déplaît : la peur ne disparaît pas mais elle est comme domestiquée, plafonnée. Je me souviens parfaitement de cette sensation lorsque j'allais rejoindre Jérôme au Café Louvre durant les mois qui suivirent notre séparation, je sentais monter les larmes dans le tramway en traversant le pont au-dessus de la Vltava, je prenais un Lexaurin pour ne pas pleurer encore, comme les fois précédentes, au moment de le voir. L'émotion demeurait mais elle était comme emprisonnée dans une zone convenable. Elle ne déborderait pas. Je ne pourrais pas non plus en jauger la profondeur ni en torturer le fond dans l'espoir qu'ensuite elle disparaisse : du coup elle resterait là, aphone, en deçà des larmes, une plaie purulente qui n'explose pas et qu'on se traîne péniblement durant des heures qui sont des mois. Ça n'est pas insoutenable mais c'est là, lancinant, un panaris, un œdème. Je me revois face à lui sur la banquette du Café Louvre, avec la terreur de passer le reste de ma vie sans lui et les yeux secs, sortant du Consulat où j'avais fait dégrafer nos deux dossiers après la rupture du PACS, et où j'avais failli m'effondrer devant l'agent qui avait fait la manœuvre. C'est en sortant du Consulat que j'avais avalé un Lexaurin pour ne pas me donner en spectacle et aussi un peu pour ne pas attrister davantage Jérôme qui lui n'en prenait pas. Je l'avais pris pour nous deux en somme, pour nous aider à nous tenir. Ne pas pleurer avait quelque chose de monstrueux, de contre-nature. Et maintenant que j'étais là en face des billards dans le velours rouge du troisième étage au Café Louvre, la situation me semblait si désespérée qu'elle exigeait qu'on pleure, c'était presque la moindre des choses. Je m'en voulais de ne pas pouvoir pleurer. Je m'en voulais comme d'un handicap.

Le médicament contre la peur ne soigne pas la conscience qu'on en a. Il en supprime seulement les symptômes. Je souffre alors d'une angoisse asymptomatique qui aura peut-être ma peau mais pas tout de suite, pas aujourd'hui. Aujourd'hui je suis un fantôme qui avance et qui commande un café d'une voix même pas tremblante.

Si ça ne marche pas il suffit d'augmenter les doses.

Les amandes d'abricots

En partant à Prague, on m'avait dit : essaie seulement de ne pas tomber malade là-bas (sous-entendu : leur système de santé est beaucoup moins généreux que le nôtre). J'ai vécu trois ans à Prague sans sécurité sociale, sans assurance maladie. J'ai vu beaucoup de médecins pendant ces trois ans, soucieuse de ne pas laisser dégénérer les maux (somatiques, souvent) qui jalonnaient mon quotidien. Sans doute était-ce une façon de peupler mon quotidien de fantômes à défaut de bonheur ; les spectres intérieurs sont les plus fidèles.

Mon séjour tirait à sa fin : le départ était déjà programmé. C'était l'été. J'avais fait le plus dur en quelque sorte – j'avais survécu à trois ans de vie à Prague, à l'effondrement de mon couple, à la tristesse et aux allergies respiratoires. J'ai rejoint Caroline sur une terrasse dans Prague 6. Je me suis arrêtée chez Country Life acheter quelque chose à grignoter, je savais que l'apéro durerait et que j'aurais faim. Je pensais prendre des amandes, des noisettes ou des noix de cajou, mais je suis tombée sur ce sachet curieux : amandes d'abricots. C'était original. Je me suis souvenue vaguement d'avoir vu mon père ou mon grand-père ouvrir des noyaux d'abricots pour en manger l'amande.

La conversation fut joyeuse, on prit deux verres chacune, la terrasse était calme. Je mangeai la moitié du sachet d'amandes, ça devait faire soixante-dix ou quatre-vingts amandes, en les trouvant un peu amères, mais nourrissantes.

En rentrant à la maison, j'avais un peu mal au ventre. J'ai googlé « amandes d'abricots » un peu par coquetterie, pour en connaître les propriétés bénéfiques, mais aussi peut-être parce que me revenait, encore confusément, une mise en garde de l'enfance, qui mettait en cause l'amertume. Je n'eus pas le temps de me formuler le danger, Google proposait en premier choix : « amandes d'abricots toxiques ».

J'ai senti chauffer mes joues, mon cœur accélérer. Puis mes bras se dérober quand j'ai lu : l'amande d'abricot contient du cyanure. L'ingestion de soixante amandes d'abricots en peu de temps peut être mortelle pour un adulte.

J'ai couru aux toilettes. J'ai essayé de vomir mais je ne sais pas vomir. J'ai enfoncé mes doigts tout au fond de ma gorge. Je me suis appliquée. Mon visage est devenu rouge, j'ai arrêté quand j'ai senti mes yeux sortir de leurs globes. J'avais quelques taches de sang sur les joues. J'ai appelé P. qui a appelé le centre antipoison de Prague. Et mon père qui a appelé le centre antipoison de Marseille. Les deux étaient catégoriques : il fallait aller aux urgences. Marseille ajoutait : qu'elle ne s'inquiète pas, on a maintenant un antidote très efficace, elle ne sera pas obligée de subir un lavage d'estomac. P. a dit qu'il venait me chercher. Il a traversé Prague en voiture, quand il est arrivé je l'attendais debout sur le trottoir, tremblante, comme suspendue dans l'air, je me suis assise dans la voiture en pensant que j'allais m'évanouir mais ça non plus je ne sais pas le faire. Je suis restée chancelante au bord de la syncope et il a grillé quelques feux rouges. Il m'a emmenée à l'hôpital de Karlovo Nàmesti. Sans passer par les urgences, le bon service, il a trouvé tout de suite. On a pris ma tension : 16, sans qu'on puisse dire si c'était la peur ou le poison. Le temps d'expliquer, de montrer le sachet, ce qu'il restait, ce qu'il manquait, les infirmières m'ont assise sur un fauteuil, elles étaient trois, une pour chaque main, la troisième m'enfonçait un tube dans le nez, je n'ai pas vu venir la chose, on ne me l'a pas annoncée, je ne les aurais pas laissées faire, je me serais débattue, là elles me tenaient fermement, le nez saignait, la bouche bavait et la plus vieille a forcé sur le tube et je me suis mise à dégueuler, et j'ai hurlé à P. dans l'encadrement de la porte ne me regarde pas ! Et il a tourné le dos.

Plus tard j'ai dû boire un verre d'eau salée dans l'espoir de vomir encore. Puis j'ai passé la nuit là, dans cette chambre double en face d'une vitre, sous surveillance, avec des ventouses sur la poitrine et une pince au bout de l'index. Parfois mon cœur s'emballait et la machine faisait un son aigu qui me réveillait, suis-je en train de mourir ? J'essayais de dire en tchèque : combien ? – *kolik ?* Je me souviens de l'odeur de la pièce, et que P. est revenu très tôt le matin. Le matin, j'étais en vie. C'était une grande joie. J'avais gagné. Je n'ai jamais su si j'avais vraiment risqué quelque chose. P. a contacté l'entreprise qui commercialise les amandes d'abricots. Il a obtenu qu'ils me remboursent ma nuit d'hôpital. Et qu'ils inscrivent sur leurs paquets la limite conseillée de consommation : sept amandes par jour.

Il paraît que sept amandes par jour aident à lutter contre le cancer.

Je n'ai plus jamais mangé d'amandes d'abricots.

Je respecte aussi les dates de péremption des yogourts.

Vertige

Enfant, en haut de l'escalier, je me voyais y dégringoler. C'était une vision très nette. À Prague les escalators démesurés du métro avaient ravivé mes cauchemars, mes souvenirs de grands magasins, où ma grand-mère boiteuse redoutait de tomber et serrait ma main si fort qu'elle me transmettait sa crainte. Je rêvais des escalators de Nice-Étoile, insupportablement pentus et rapides, qu'on prenait dans le temps pour monter à la Fnac. La peur de rater une marche, en descente surtout, je m'y suis aguerrie à Prague à force de pratique, comme si la nouvelle ville recelait des défis capables de me faire surmonter mes peurs d'enfant. Les premiers jours dans le métro pragois je n'en menais pas large. Puis tu t'habitues, tout le monde le fait.

Le vertige qui m'étreint dès que possible est un réflexe de survie pathologique. Une photo de moi de dos sur le télésiège du zoo de Prague, les jambes dans le vide et le bras collé à la barre, me démontre ma fébrilité comme un pense-bête. Jérôme avait insisté pour que nous le prenions, c'eût été dommage en effet de manquer la « Petite-Afrique » qui surplombe le parc. Pourtant au moment de monter je maudissais Jérôme, osant à peine ouvrir les yeux, muscles contractés, peur de quoi ? De mourir ! De mourir ! Affronter ses peurs dans la perspective de les surmonter met d'abord en exergue la honte, le ridicule, et le regard du témoin-coach n'est jamais assez bienveillant, sa bienveillance est toujours mise en doute, en balance : me pousses-tu à faire cela pour mon bien, pour me rendre plus forte, ou pour contempler ma faiblesse et asseoir ta supériorité ?

Deux ans plus tard j'ai refait la visite avec ma mère, et c'était moi qui disais : allez viens, on prend le télésiège, on ne va pas manquer la « Petite-Afrique », il y a des girafes, presque en liberté, tu verras. Et je regardais la main de ma mère serrer très fort la barre du télésiège devant moi, et je me reconnaissais dans cette main crispée et généreuse qui s'enhardissait dans l'effort de me faire plaisir.

À Montréal, j'ai tout de suite habité au dix-huitième étage, d'abord dans le centre-ville, à l'Hôtel du Fort, dont c'était le seul étage fumeur, puis dans ce qui est toujours mon appartement, en face du parc La Fontaine. Au début je fréquentais peu mon balcon, tant il me semblait receler de tentations suicidaires et d'accidents possibles. Les enfants de la propriétaire étaient là le jour de la visite, et les voir s'approcher de la balustrade me donnait des sueurs froides. Mon père m'avait donné ma première gifle (la seule ?) lorsqu'à deux ans j'avais tenté d'enjamber le balcon du cinquième, ça avait dû porter ses fruits.

Quand je suis arrivée à Montréal j'ai commencé à avoir des vertiges en marchant dans la rue, ça je n'avais jamais connu. Ce devait être lié à mes cervicales, éprouvées par les lourds sacs que je portais le long des longues rues (toutes les rues à Montréal sont aussi longues que Vaugirard à Paris). J'ai commencé à me sentir vaciller. Je ne tombais pas, mais redouter de tomber en permanence est épuisant.

J'ai commencé à aller voir des ostéopathes. Un jour à la clinique ils étaient trois – deux étudiants et leur superviseur, un à mes pieds, l'autre à ma tête, le troisième a posé la main sur mon plexus et a dit : vous pouvez pleurer si vous voulez. Le temps que je m'étonne, que je me récrie : mais non voyons pas du tout – ça a jailli de mes yeux comme un geyser, toute ma tension nerveuse prisonnière, c'étaient des pleurs paisibles, d'épuisement. Après avoir franchi l'océan à la vitesse de la lumière, je me suis dit c'est la moindre des choses d'avoir le vertige. Le moindre mal.

L'avion

Il m'avait demandé si j'avais peur de l'avion. J'avais dit non. Toutefois au décollage je ne pouvais m'empêcher de prendre date pour un mini-bilan de ma vie au cas où elle devrait finir là. C'était une discipline un peu éreintante, surtout depuis que je voyageais régulièrement. Il me raconta l'histoire d'une passagère italienne à côté de qui il avait voyagé et qui éclatait en sanglots à chaque départ. Ma mère faisait pareil. Mais l'Italienne, dit-il, prenait l'avion toutes les semaines.

Je pris l'avion le lendemain, en redoutant que l'épaisse couche de neige qui était tombée dans la nuit ne diffère le départ. On embarqua à l'heure. On attendit longuement quelques passagers manquants – la tempête avait désorganisé l'aéroport. On rouvrit les portes pour les retardataires. On repassa pour eux les consignes de sécurité. J'étais assise à côté d'un étudiant congolais très sympathique, et derrière un Américain malpoli habillé comme Kanye West. On dégivra longuement l'appareil. On partit avec deux heures de retard. Une fois le décollage réussi, j'avais faim et soif. Au bout d'une heure de vol sans encombre, j'essayais de m'abîmer dans un sommeil feint en attendant qu'on nous serve à manger, quand le Woody Allen sous-titré fut interrompu par une annonce du pilote : « Mesdames et messieurs, nous sommes partis avec un ordinateur défectueux et le deuxième vient de nous lâcher, nous ne pouvons traverser l'Atlantique en mode manuel, nous faisons donc demi-tour vers Montréal. » Plusieurs autres annonces suivirent, qui laissaient transparaître une fébrilité contagieuse. « Nous ne savons pas ce qui va se passer à l'arrivée à Montréal. » « Ne vous inquiétez pas si nous sommes réceptionnés par des camions de pompiers, c'est la procédure habituelle. » « Nous vous distribuons les formulaires de douane pour le cas où vous en auriez besoin, mais nous ignorons pour l'instant si ce sera le cas. » Etc.

Je regardais l'écran en face de mon siège, où s'imprimait en temps réel le trajet de notre avion, et son demi-tour au niveau de La Malbaie. J'engageai la conversation avec mon voisin pour faire diversion, ça l'arrangeait de ne pas rentrer à Kinshasa à Noël, il avait peur d'y rester coincé. Une fillette non loin se mit à hurler qu'elle voulait faire caca. L'hôtesse répétait de ne pas bouger, et qu'on n'avait pas d'information sur ce qui allait se passer.

J'ai pris l'écran en photo avec la boucle de l'avion. Le Congolais a regardé par le hublot Montréal enneigée. Il a dit c'est très beau quand même. J'ai pensé oui d'accord je veux bien mourir ici. J'ai pensé mais alors cette histoire d'amour même pas commencée que j'ai laissée à terre je ne la vivrai pas. Quel dommage.

Nous avons atterri. Le soulagement était tel, je n'avais qu'une envie : sortir de là et manger. Et peut-être aussi rentrer chez moi et m'éviter Noël en famille et ses menaces mélancoliques. Et si possible retrouver cet homme qui m'avait dit qu'il était triste que je parte. « Mesdames et messieurs, nous vous prions de récupérer l'ensemble de vos effets personnels avant de quitter l'appareil. » Puis, tandis que nous étions debout, enfilant notre manteau car il faisait froid dehors, nous dirigeant déjà vers l'avant de l'appareil, « Mesdames et messieurs, finalement nous allons vous demander de regagner votre siège, les mécaniciens vont effectuer une maintenance et nous pourrons repartir d'ici une trentaine de minutes. »

J'étais en colère. J'ai regagné mon siège à contrecœur, puis j'ai demandé à l'hôtesse :

— Et si je ne veux pas repartir ?

Un peu interloquée, elle m'envoya voir la chef de cabine, qui m'envoya voir le pilote. Le shérif posté à l'entrée de l'appareil ne parlait qu'anglais. Il ne répondit pas quand je demandai :

— Pouvez-vous me retenir de force dans cet avion ?

Le pilote m'interrompit :

— Ne vous inquiétez pas, on ne repartira que si c'est sécuritaire. J'ai vingt-trois mille heures de vol. J'ai des enfants.

— Vous avez votre vie entre vos mains. Mais moi, j'ai ma vie entre les vôtres.

— Mais vous avez peur de quoi ?

— De mourir !

Ils m'ont renvoyée à ma place, réfléchir cinq minutes, prendre ma décision à tête reposée. J'ai compris à ce qu'ils disaient que si on prenait le temps de débarquer ma valise, l'avion ne repartirait pas. Quand l'hôtesse est revenue me demander si j'avais pris ma décision, j'avais séché mes larmes. Elle a eu un sourire maternel :

— Le pire est derrière nous, vous savez…

— Vous n'en savez pas plus que moi.

Je pensais à Dieu. À un film de Kieslowski dans *Le Décalogue* : « Tu n'adoreras qu'un seul Dieu. »

L'histoire d'un scientifique qui calcule l'épaisseur de la glace d'un lac avant d'autoriser son fils à aller patiner dessus… et la glace craque tout de même, évidemment, et le petit se noie. Elle n'a pas insisté. Peut-être même ai-je réussi à lui faire partager ma crainte.

Le Héron

J'avais dix ans. Au cours de théâtre mon père nous faisait travailler les fables de La Fontaine. Je ne les aimais pas, elles me semblaient niaises, puériles, mon père m'avait habituée à Pirandello, Arrabal, Duras, dont le soufre était plus palpitant. Lorsqu'il tentait de nous convaincre de la portée des fables, je l'écoutais d'une oreille distraite. *Les animaux malades de la peste* me semblait évidente, limite démago, *Le corbeau et le renard* un peu dépassée depuis que l'ultra-libéralisme avait érigé la roublardise en valeur refuge (particulièrement sur la Côte d'Azur), *La cigale et la fourmi* d'un manichéisme outré. Je m'ennuyais aux fables, sauf à une, qui me faisait pleurer. Amélie disait *Le Héron*, mon père l'avait convaincue de pleurer, en lui expliquant sans doute toute la tragédie de la fable, et cette tragédie, que je saisissais confusément, résonnait en moi comme une menace implacable.

Au bord de la rivière l'oiseau dédaigne d'abord les gros poissons parce qu'il n'a pas faim. Puis une tanche parce qu'il attend mieux, puis du goujon car ce serait déshonorant. « Du goujon ! » D'avoir refusé le goujon, il devra se contenter d'un limaçon, car la faim est là maintenant.

Je pense à Madame Lamontagne, une vieille femme qui surgit toujours au théâtre lorsque nous sommes en train de fermer, et qui vient demander l'aumône à mon père. Mon père a pitié, il la dépanne parfois, la reconduit chez elle. Madame Lamontagne, qui est vieille et pauvre, fut riche et belle. Elle n'a pas su gérer sa fortune, elle n'a pas saisi sa chance et aujourd'hui elle en est à vendre, pièce à pièce, les meubles de son appartement pour survivre. Ses rides et sa logorrhée m'angoissent si fort que je la fuis. Quand elle arrive, je me cache, je cours m'enfermer aux toilettes, si on me force à l'écouter je vais pleurer c'est sûr.

Toutes les fois que j'ai regretté mes choix parce qu'ils avaient échoué à me rendre heureuse, le Héron est revenu me narguer. Les occasions manquées, les revers de fortune, le mauvais timing, l'angoisse rétrospective d'avoir raté ta vie sur un coup de tête, sur l'orgueil, sur un mauvais choix, une école, un avion, un baiser, un SMS, un rendez-vous. Sur ce presque rien qui te hante quand le présent colle à tes chaussures.

Il y a une autre fable, je ne l'ai lue que plus tard : *La fille* parle d'une précieuse qui repousse l'un après l'autre ses prétendants car aucun n'est assez beau pour elle. Le temps passe, ils le sont de moins en moins. La fille vieillit, devient laide. Elle finit par épouser un malotru qui est sa dernière chance. Cette fable aujourd'hui résonne d'un machisme insoutenable.

Nodule

Le 31 août 2012 mon ami Thierry est mort à l'hôpital Notre-Dame de Montréal.

J'avais appris quelques jours plus tôt qu'il souffrait d'un cancer incurable, fulgurant. Il avait quarante et un ans.

Nous nous sommes retrouvés à minuit devant le CHUM, en espérant y trouver encore Francis qui venait de nous envoyer un message pour nous dire la nouvelle. Nous avons pleuré et nous sommes montés au cinquième étage, au service des soins palliatifs, où l'on nous a confirmé la mort de Thierry, que nous ne pouvions pas voir, n'étant pas de la famille. Francis était déjà rentré chez lui pour pleurer et tenter de dormir. Il venait de perdre l'amour de sa vie, après vingt ans de vie commune – et heureuse.

Nous avons rebroussé chemin. Je suis rentrée chez moi.

Il y a quelque chose d'inconcevable dans la mort prématurée. Il est impossible de penser cela : il y a dix jours on me disait qu'il était malade et voilà qu'il n'existe déjà plus. Il y a dix jours on lui donnait trois mois et ça me semblait si peu.

Pour un hypocondriaque, la mort brutale d'un homme jeune et bien portant est une confirmation de ses délires les plus alarmants. Nous pouvons, Thierry peut, par conséquent je peux, en dépit de toutes les statistiques, mourir à n'importe quel moment, de n'importe quel mal impromptu.

Le lendemain matin, je me suis réveillée avec une infection urinaire. Je savais bien que le choc de la mort de Thierry en était la cause. L'hôpital Notre-Dame est à cinq minutes de chez moi : je suis allée aux urgences, comme font les Québécois, surtout le week-end – ici pas de SOS médecins.

Le médecin qui m'a reçue a eu l'air préoccupé lorsqu'a retenti une «alerte bleue». J'ai demandé : c'est grave? – Oui. Mon cœur s'est serré. J'aurais voulu savoir si la veille, une alerte bleue avait retenti pour Thierry.

Pendant les dix jours que j'avais eus pour me faire à l'idée de sa mort, j'avais vu Thierry deux fois : la première fois souriant, paisible dans son lit, le corps gonflé d'eau par le traitement, le teint pâli, mais le regard encore, la voix, le sourire, c'est ce qui m'avait surpris le plus. Il était en slip, c'était l'été, il avait changé de taille en se gonflant d'eau, nous avons pensé lui offrir de nouveaux sous-vêtements, qu'on aurait choisis drôles ou sexy. La semaine suivante je suis passée à l'improviste apporter un Orangina – la seule chose dont il avait encore envie, et une salade d'avocats pour Francis qui veillait le plus souvent sans rien avaler. C'est la dernière fois que j'ai vu Thierry : il était assis dans le fauteuil en face de la porte. Je ne me suis pas montrée. Il avait le regard flou, peut-être seulement concentré, absorbé, dans l'effort d'avaler quelque chose, ou de se tenir assis. Je suis restée dans le couloir. J'ai fait signe à Francis, lui ai laissé le sac en papier.

J'ai le temps de repasser tout cela dans ma tête durant les trois ou quatre heures que dure mon attente, avant de me retrouver en tunique bleue sur un brancard. Je pense au *Journal intime* de Nanni Moretti qui consulte pour un prurit et qui finit par se découvrir un cancer du poumon. J'essaye de sourire. Je me dis : c'est encore ton bon vieux système nerveux qui te joue des tours. Après les analyses, comme j'ai raconté mon histoire de double uretère au rein droit, on me fait un scanner. La médecin de garde qui m'examine confirme que je n'ai rien aux reins. En revanche, en bas du poumon, un petit nodule attire l'attention. Il faut demander au radiologue de préciser son diagnostic. Ça prolonge. Le temps de me faire la morale : mon mari aussi fume, vous savez, et je lui dis tous les jours d'arrêter. Mais il sait ce qu'il risque : il est médecin lui-même. On fera un scanner de contrôle dans six mois, pour voir si ça grossit. « Si j'arrête de fumer maintenant, est-ce que ça va grossir moins vite ? »

— Si c'est un cancer, oui.

Pendant quatre mois, je n'ai fumé qu'une cigarette par jour, le soir vers vingt heures, c'était un rituel masochiste, en écoutant toujours la même chanson, en tournant le dos à la vue majestueuse de mon balcon, toute ma journée tendue vers ça, vers ce moment où je pourrais enfin, avec délice, me faire un peu de mal, trop peu pour qu'il soit dangereux, et trop peu pour qu'il soit agréable. Juste assez pour qu'il demeure une torture. Juste assez pour étirer la transe du manque. Je passais des nuits à bondir, des matins électriques, les responsabilités me torturaient, les émotions étaient des décharges électriques, j'y succombais cinq ou six fois par jour, larme à l'œil, tachycardie et œuf dans la gorge jusqu'au sternum, gluant et étanche, ne laissant rien passer d'air dans les alvéoles des poumons, me laissant coite, bouche ouverte haletant comme un chien, symptômes décuplés par la conscience que j'en ai et par leur caractère respiratoire, c'est-à-dire : pulmonaire. Dans le métro de Montréal deux fois par jour au moins, une affiche exhibe une ou plusieurs petite(s) fille(s) atteinte(s) de maladie rare illustrant le slogan «je me noie de l'intérieur». La phrase me poursuit pendant six mois. Comment se fait-il qu'une campagne publicitaire, même humanitaire, puisse durer six longs mois ? Ne serait-elle jamais remplacée ? Je fermais les yeux dans le métro pour ne plus voir l'air grave des fillettes qui me condamnaient à mort, me faisant éprouver sur le champ tous leurs symptômes ou plutôt tout ce que j'imaginais être leurs symptômes. Je me noyais de l'intérieur par anticipation. Le cancer ou n'importe quoi d'autre m'emporterait. À défaut, l'angoisse, qui avait désormais un objet, petit et rond, d'un demi-centimètre de diamètre.

Tout ce que tu mérites
(morale chrétienne de l'hypocondriaque)

La mort de Thierry avait donné du crédit à mes scénarios paniques, m'avait prouvé que l'on peut mourir en quelques jours, à quarante ans, sans crier gare. Je m'étais toujours imaginé mourir dans cinq ans, dans dix ans, mais pas dans six mois. Il devenait urgent de retarder l'échéance.

Je m'y suis appliquée. Mais ma constante frustration me rappelait l'horizon mortifère, et loin de me donner la satisfaction du contrôle, de l'effort efficace accompli, elle soulignait ma précarité. Ni abstinente ni fumeuse, libérée ni de ma dépendance ni de ma peur, j'étais privée à la fois de ma désinvolture adolescente (Jim Morrison) et de la paix tranquille de ceux qui ont bonne conscience (ma grand-mère).

Il y a pire que l'horizon de la mort, c'est celui de la mort méritée. Je pense souvent à Thierry qui ne fumait pas et qui faisait du sport et qui n'avait rien fait pour «tenter le diable». Je me demande si cette bonne conscience l'a aidé à partir en paix. À être fataliste. Il y a peut-être une double peine qui consiste à savoir que l'on mérite sa mort, qu'on est allé la chercher. Je regarde venir ma mort, je la guette, avec un sentiment aigu de culpabilité : je l'ai provoquée. J'ai fumé vingt-deux ans de ma vie. J'ai méprisé mon corps, voulu n'être qu'un pur esprit. «Bien fait.»

La peur procède de la culpabilité. J'ai peur qu'on me frappe parce que j'ai été méchante, ou parce que je considère, en mon for intérieur, que je l'ai été. J'imagine qu'à la place de l'autre, je pourrais avoir envie de frapper. Ainsi je me protège le visage alors même que l'autre n'a pas encore esquissé le geste de lever la main. Cela suppose un effort d'identification, une empathie. Comme pour le bâillement. Je redoute de recevoir la sanction à laquelle je me condamne moi-même. C'est pour cela que je fuis le conflit par exemple : limiter sur la terre le nombre des personnes qui me veulent du mal. Car peut-être finiraient-elles par avoir gain de cause. Aussi je fuis les ennemis, ne leur réponds pas, prends garde de ne pas les provoquer, résiste à la tentation de tester sur eux mes talents rhétoriques car je sais qu'il n'y a rien à y gagner : gagner reviendrait à blesser un partenaire de jeu qui n'aurait de cesse, ensuite, de prendre sa revanche. Je me tais.

Parfois la culpabilité est sans objet. Ou plutôt l'objet, c'est moi. J'ai commencé à fumer à treize ans, pour plaire à un certain Philippe qui en avait dix-huit et qui avait écrit sur une vieille édition d'*On ne badine pas avec l'amour* « Je suis stupide de croire que le danger vient de l'extérieur », pour affirmer ma légitimité à fréquenter les adultes auprès de qui tous les week-ends j'étais la plus jeune. J'ai trouvé dans la cigarette une compagne, un soutien pour mon cerveau tâtonnant. Un alibi contre le sport pour quoi je n'étais pas douée, une confidente dans les soirées où tu fais tapisserie, un accessoire de femme fatale.

Tu as été méchante avec ton corps, il te le rend en te faisant souffrir.

Tu as voulu faire ta forte tête, tu mourras la première.

Inspire, expire

La cigarette n'est pas un anxiolytique. La cigarette explore l'angoisse, matérialise l'inquiétude. Elle approfondit l'émotion, l'ancre dans ma poitrine à la mesure du soupir, de l'inspiration que je prends pour enfoncer le clou dans ma poitrine, imbiber mes bronches de l'émotion qui me traverse, ce faisant je l'invite à me traverser, je l'autorise à me crucifier : je lui donne toute la place, j'en explore la pleine dimension. J'en jouis tout à fait. La cigarette me l'injecte dans le sang, cette émotion, l'incarne en moi, miracle : je peux la vivre au mépris de ma longévité. La cigarette en transperçant ma poitrine m'ancre dans le présent absolu, l'expérience *hic et nunc* surpasse et surplombe tout, chasse l'angoisse métaphysique en convoquant l'angoisse pure ou la joie pure, qui sont à peu près la même chose au fond, ou la tristesse pure aussi ; la cigarette est le véhicule d'un sentiment intense qu'elle me permet d'éprouver en relief, en 3D, au mépris de toute autre considération. Au moment où je fume je n'ai pas peur de mourir, ou bien je goûte cette peur si profondément qu'elle m'assure, par son acuité, de ma vie présente, et rien, pas même l'idée vague de ma finitude en un raclement de gorge, ne peut concurrencer ce que j'éprouve : la certitude d'exister, la volupté de creuser en moi le trou que la vie y fabrique, l'évidence de l'instant.

La fiction

La deuxième fois, j'ai failli y arriver facilement –
arrêter de fumer. J'ai fait du sport tous les matins,
j'ai réprimé les émotions, couchée de bonne heure,
levée avec le soleil. Passés les trois premiers jours j'y
ai cru, je me suis dit je deviens une autre, facilement
je me défais de mon armure poisseuse de mélancolie.
Ça se voyait presque sur mon visage. Je m'abîmais
entière dans ce nouvel être que je voulais devenir,
furtivement ça me semblait enviable, et viable. La
tristesse au tapis. Couchée ! Battue ! Vaincue. Mais
un soir, tandis que je peinais à calculer quoi déclarer
aux impôts, le fantôme de l'amour a glissé son épaule
dans l'entrebâillement d'une fenêtre. Je l'avais un
peu délaissé, je le fuyais en croyant le poursuivre.
Depuis que j'avais congédié le dernier prétendant à
qui je ne parvenais pas à dire je t'aime parce que je
m'étais fait trop mal à le dire à un autre, l'amour était
devenu un nuage lointain et menaçant. Dans cette
vie-ci, dans ce pays-ci, je poursuis un spectre, et ce
spectre je crois le reconnaître à chaque coin de rue,
dans l'œil torve d'un grand blond, dans celui, acide,
d'un joggeur nerveux, d'un boxeur, d'un musicien.
Celui qui donnerait du poids à mon existence, rien
de moins. Je me dédie si bien à cet ouvrage, à cette
quête, je ne l'atteindrai pas c'est l'évidence, mais la
quête elle-même me nourrit si bien qu'elle ne laisse

guère de place à son achèvement. «La lutte elle-même vers les sommets suffit à remplir un cœur d'homme», il paraît. Je ne connais que deux façons de donner du sens à ma vie ou de me faire croire qu'elle en a : aimer quelqu'un et écrire des livres. Les livres sont un filet de sécurité lorsque l'amour se casse la figure. Itinéraire bis.

Je me souvenais de l'amour comme d'une grande douleur lancinante qui parfois devenait aiguë. Le bonheur affleurait par sursauts comme des coups de couteau, ces moments miraculeux où l'illusion de fusionner est si ardente, si vive, qu'importe l'instant qui suivra, même doux, même mièvre, il ne saurait être qu'un arrachement – j'ai l'image d'un déchirement organique, la chair du ventre effilochée, deux morceaux distincts, un dans chaque main, comme dans un film de Švankmajer. J'imagine une illustration des androgynes de Platon en pâte à modeler. De n'être évidemment pas qu'un, je ne suis alors plus rien du tout, et cette béance est insupportable. Alors peut-être stratégiquement, je me débrouille pour ne plus vivre ça, plus jamais, tout en prétendant *all day long* le désirer de toute mon âme. Je le désire peut-être car je sais qu'il n'y a rien d'autre qui vaille la peine.

J'ai multiplié les stratégies pour esquiver l'amour. Comme une adolescente accrochée à son amour impossible parce qu'il est si pratique, si *secure*, je l'ai remplacé par une fiction qui a réussi à me faire souffrir presque autant, me donnant épisodiquement le sentiment de la perte, du rejet, de la lassitude, de l'humiliation, de la jalousie, sans jamais me donner de plaisir ou de tendresse. Cet ersatz luxueux est parvenu à me torturer comme l'aurait fait un véritable amour. À me rendre dépendante, amère et jalouse, à m'arracher un ventre qui n'a jamais été sien. En ne reproduisant de l'amour que son mécanisme morbide, il me désigne mon piège. Si tu me donnes un bonbon sept jours d'affilée, le huitième je pleurerai si tu m'en prives. Alors même que je n'aime pas les bonbons, l'habitude est devenue accoutumance. Je me souviens du jour où, pour la première fois, le manque m'a rendue folle. Attaque de panique caractérisée le matin au réveil. C'est en Corse. Je suis avec ma mère dans une vieille maison pleine de bois, avec une vue plongeante sur les montagnes et la mer. J'attends un message d'amour virtuel qui ne vient pas. Au réveil la solitude me cisaille, électrise mes nerfs. Ce silence, ce n'est pas encore le silence de quelqu'un, c'est le silence absolu, la solitude archétypale, et son vide – elle sonne creux comme un moule à gâteaux – me renvoie un écho pathétique.

Je rejoue dans cette danse toutes mes peurs, ma peur de vivre, dit Maman. Comme je ne peux rien maîtriser de l'autre, comme je sais qu'il me fera mal quoi qu'il arrive, un jour ou l'autre, qu'il me décevra, qu'il me trahira, qu'il m'abandonnera, autant y renoncer totalement. Je tiens cet autre à distance. Je le choisis dans cette impossibilité ou pour cette impossibilité, qui me torture mais que j'entretiens, complice, jusqu'à m'en enivrer. Je voudrais en mourir aussi comme ça ce ne serait plus à faire.

Le pire avec la fiction, c'est qu'elle ne sert à rien pour se protéger. Même pas un cocon : pour peu qu'on y croie, elle fait aussi mal que la réalité.

«Seul ce que j'ai perdu
m'appartient à jamais.» (Miossec)

La tentation est grande de renoncer à tout ce que je n'ai pas encore et dont la perte programmée me terrifie, pour le faire passer du côté de ce que je possède symboliquement à jamais, du fait même de son absence, accro au manque, propriétaire métaphysique de ce que j'ai tant voulu contenir, retenir, de ce dont l'existence autonome et fuyante m'a fait si mal que j'ai préféré laisser fuir l'anguille pour capturer enfin, dans une cage, fièrement exposée comme l'intérieur d'un cœur ou de mes entrailles ouvertes, sa mue, sa relique. Le souvenir de ce qui a été ou de ce qui aurait pu être et à quoi j'ai renoncé pour en conserver paisiblement le fossile. Plus seule et plus forte, paraît-il, dépositaire de cette absence-là, de ce manque-là qui me constitue, qui est devenu ma matière.

En lisant le mémoire de Fanie[1] sur l'anorexie mentale, pour la première fois je comprends comment on passe, comment je passe aussi, de la dépendance au sabotage, du désir au désespoir. Deux chapitres sur sa petite enfance montrent Fanie – ou son double littéraire – aimer à la folie les tours de

1. Fanie Demeule, *Entre désincarnation et réincarnation : la poétique du corps dans le récit d'un soi anorexique* suivi de *Carnet d'une désincarnée*, mémoire de maîtrise déposé au Département des littératures de langue française, Université de Montréal, 2013.

manège jusqu'au désespoir de devoir s'en passer. Puis les pamplemousses, jusqu'à la transe quand au-delà du septième on lui dit stop. Fanie fait partir de là – le plaisir extrême et son intolérable fin – la privation qui s'ensuit. Si elle ne peut se satisfaire d'une quantité limitée de pamplemousses et de tours de manège, si elle n'a pas non plus le pouvoir de les étirer à l'envi, elle possède du moins le pouvoir de s'en priver absolument. Là est son unique contrôle : en amont. *Fuir le bonheur de peur qu'il ne se sauve*, comme lorsque l'homme auquel je pense ne m'écrit pas durant vingt-quatre heures, si je ne possède pas les moyens de le faire ressurgir, je peux éteindre mon ordinateur, jeter à l'eau mon téléphone, m'enfuir le plus loin possible hors de portée des ondes. Plutôt que de me heurter à la déception de son silence, seconde après seconde, l'anticiper, le décider, le provoquer ce silence, en être la cause pour m'éviter la douleur de le subir.

C'est si douloureux quand ça s'arrête que la menace même de l'arrêt rend l'exercice amoureux insupportable. J'ai passé dix ans à subir le doute de l'infidélité, de la désertion de mon amoureux avant de finir par le quitter moi-même pour ne plus avoir à craindre qu'il m'échappe, car chaque jour semblait le détacher de moi, et à bout de souffle, épuisée par dix ans de veille, dix ans aux aguets, sans trêve ni repos – les pauses étant des épisodes fusionnels à la puissance torturante exponentielle une fois achevés – j'ai fini par ronger la corde qui nous tenait enlacés (enchaînés ?) l'un à l'autre. Il est très difficile, lorsque vous avez passé dix ans de votre vie à vous consacrer à un amour, fût-il monstrueux dans sa forme et son exigence absolutiste, de trouver autre chose qui vaille la peine.

Dans ce nouveau pays où je vis, certains de mes amis trouvent dix ans bien trop longs pour une relation toxique. Ce n'était pas une relation toxique, dis-je, c'était l'amour de ma vie. J'ai rencontré des femmes qui ont quitté des hommes au bout de deux, trois mois, six mois, parce qu'elles commençaient à se sentir dépendantes. Parce qu'elles éprouvaient un peu ces symptômes de l'amour à quoi je me suis dédiée. Elles pensent qu'il vaut mieux fuir que souffrir. Je ne peux m'y résoudre. La valeur bien-être qu'elles me proposent à la place me semble vaine.

Une jolie blonde me demande : pourquoi est-ce que je ne tombe que sur des hommes pas libres ? Des hommes mariés et pères. J'improvise. Deux solutions, ma belle. Je te préviens : je projette. Si je dis des conneries dis-toi que je te raconte seulement ma vie, que ce n'est pas de toi que je parle.

Hypothèse n°1 : sociologique. Tu as trente ans et tu vis à Montréal. À vingt ans tu rencontrais des garçons libres, mais depuis ils ont construit leur nid, ils ont eu des gamins, et seuls ceux dont la vie a explosé en même temps que la tienne sont sur *le marché* des célibataires. Comme ils sont minoritaires et paumés ils se retrouvent à l'endroit le plus triste du monde : devant leur ordinateur. Les trois-quatre potables qui étaient disponibles hier soir se sont fait dévorer par une harpie délurée en descendant Saint-Laurent à leur retour de boîte, et ce matin ils se plaisent à répéter à qui veut bien l'entendre que les hétéros québécois sont castrés. Voilà. C'est tout pour l'explication sociologique, qui me déprime parce qu'elle sous-entend qu'à moins de changer d'époque de continent ou d'orientation sexuelle tu vas passer le reste de ta vie à dormir seule.

Hypothèse n° 2 : psychologique. Je l'aime mieux parce que ça fait toujours de toi le centre de ton monde, et si le mal vient de toi, autant dire que tu peux le changer. Enfin tu peux essayer. L'idée, c'est que si tu tombes sur des mecs pris, c'est que ça te rassure. Au fond, et même si tu prétends le contraire, tu flipperais ta race de refaire ta vie avec quelqu'un, parce que tu en as tellement chié précédemment, tu préfères que ce soit perdu d'avance. Presque, c'est une condition qui fait que tu peux te détendre. Si tu es la deuxième dans la vie d'un homme, tu peux vivre sur l'espoir d'un jour détrôner la première. Si tu es la première, l'épouse, la mère du gamin : il ne te reste qu'à serrer les fesses et prier. Au mieux tu parviendras à conserver le titre à force de discipline et de précautions, mais jouer en défense est épuisant. Au pire tu te feras voler la place par une plus jeune et plus belle – voire une moins jeune et moins belle.

Cesse donc de repousser tes prétendants adultères et considère qu'ils sont probablement aussi malheureux que toi.

Le papillon

Le lendemain de mon anniversaire le pneumologue m'annonce que mon nodule au poumon n'a pas grossi, qu'il n'a donc pas l'air, pour l'instant, cancéreux. En revanche, dit-il en prenant l'air emmerdé, on va pousser plus loin les investigations, c'est-à-dire faire un TEP-scan (l'examen m'est jusqu'alors absolument inconnu) car mon thorax présente une anomalie – au niveau du thymus. Le quoi ?

Ma passion pour l'anatomie humaine n'ayant pas persisté très au-delà du collège, le thymus, je ne sais pas ce que c'est. Mes interlocuteurs se diviseront désormais en deux catégories : ceux qui savent ce qu'est le thymus et ceux qui comme moi n'en ont jamais entendu parler et à qui j'apprends son existence. Le thymus est au choix : le siège de l'âme chez les Grecs (Wikipédia), en forme de papillon (Wikipédia), l'équivalent humain du ris de veau (Francis qui me rapporte la parole de Thierry qui travaillait dans le médical et savait ça). Le thymus est situé entre les deux poumons, sous le sternum, l'œsophage, la trachée-artère. Il joue un rôle dans le système immunitaire de l'enfant et décroît normalement à l'adolescence au point de devenir indécelable au scanner chez l'adulte de trente-cinq ans. Sauf que le mien mesure cinq centimètres. Le TEP-scan doit dire si mon thymus présente une activité métabolique : est-ce qu'il grossit ? Faut-il le retirer ?

Je traverse le parc La Fontaine en sortant de l'hôpital où l'on vient de m'annoncer l'existence d'un organe inconnu quelque part dans ma poitrine. J'attendais un nénuphar, voici un papillon. Tout à coup, en traversant le parc vide à neuf heures du matin, cet organe dont on vient de me désigner l'existence, je le sens. Mes douleurs thoraciques, mes difficultés respiratoires, je les lui assigne. Tandis que j'hésitais entre le poumon et le stress, voici les symptômes tout reconsidérés à la lumière de cette nouveauté surgie dans ma poitrine. Et mes difficultés à déglutir, mes fausses routes, cet étouffement occasionnel, IL en est nécessairement la cause. Nous y sommes, moment M théâtral de l'ironie tragique, c'est l'heure de la révélation : tandis que je me croyais folle, voici qu'on me désigne l'intrus qui colonisait ma poitrine et je l'ignorais. Je ne sais encore s'il est cancéreux ou seulement anormal, ou s'il recèle une maladie immunitaire qui me fera bientôt perdre le contrôle de mes muscles – il est vrai qu'ils n'ont jamais été bien assurés. On me demande quel est mon effort musculaire maximum ces derniers jours. J'ai remonté à pied mes dix-huit étages après la dernière alerte incendie. Le pneumologue a l'air satisfait. Moi, ce que je voudrais savoir, c'est l'histoire organique qui nous a conduits ici, mon thymus et moi : a-t-il oublié d'involuer depuis mes quatorze ans (quelque chose en moi est-il physiologiquement demeuré bloqué dans l'adolescence ?) ou bien s'est-il mis à grossir inexplicablement il y a deux ans lorsque j'ai quitté Jérôme et la République tchèque ? Je me souviens d'une fille qui avait été violée par son père sans que sa mère n'en ait rien su : la mère avait développé un cancer des cordes vocales qui l'avait rendue muette. L'ironie mais surtout l'évidence du sens qui m'avait saisie en écoutant cette histoire m'avait presque rassurée. L'interprétation que je pouvais en faire m'en rendait encore maîtresse : si la maladie nous dépasse, nous échappe, nous surprend, nous condamne, du moins tant que nous pouvons la penser nous la dominons. Si je suis capable de donner un sens à mon mal alors c'est encore moi qui écris l'histoire de ma vie. Mon nénuphar doit avoir un sens – psychologique, romanesque – un sens. Il doit être une révélation, une clé. Il est inadmissible d'avoir été doublée (colonisée) par quelque chose qui dépasse ma conscience, quelque chose dont j'ignorais l'existence, le nom, le concept.

Arachnophobie

Il paraît que les filles héritent cela de leur mère, il paraît que ça a à voir avec l'hystérie. Une vulnérabilité acquise. Ma mère effectivement détestait les araignées. Et les cafards. Il y en avait de temps en temps dans notre appartement. Le chat jouait avec. Ma mère criait de peur. L'été à la campagne des bestioles de formes diverses et dont j'ignorais le nom se glissaient dans la salle de bains, entre les draps, rampaient au plafond, s'échouaient parfois sur l'oreiller. La peur que j'en ai n'a qu'un rapport éloigné avec le danger réel qu'elles représentent. J'ai été capable de prendre des serpents dans mes bras, mais pour rien au monde je ne toucherais une araignée. Les cafards volants me font faire des cauchemars alors qu'ils sont parfaitement inoffensifs, tandis que les scorpions, vénéneux mais moins rapides, me laissent presque indifférente.

Les insectes ont toujours été d'inquiétantes étrangetés. Les rampants m'impressionnent paradoxalement plus que les volants, peut-être parce qu'on a le loisir de les regarder plus longtemps. Je pense à la scutigère de Robbe-Grillet qui matérialise la jalousie dans *La jalousie*. Les époux mangent autour d'une table rendue triangulaire par la présence de l'amant, et lorsque l'amant s'absente, la scutigère vient prendre symboliquement sa place en se collant sur le mur blanc, et le mari l'écrase de toute sa colère, et la trace qu'elle laisse en s'écrasant scellera l'intranquillité conjugale. La scutigère est cette présence intrusive que l'on ne peut chasser même après qu'on l'a tuée. Car si elle est entrée, d'autres pourront le faire aussi. Et la blancheur des murs est à jamais souillée de son suintant cadavre. Sueurs froides. Démangeaisons.

Mon père m'enseignait à arracher les pattes des sauterelles. Les récits des nuages de criquets de son enfance marocaine m'impressionnaient beaucoup. J'ai pu attraper de mes mains les mantes religieuses jusqu'à la puberté.

Ce que je hais chez l'insecte, c'est la sournoiserie que lui permet sa taille et, le plus souvent, son silence. Il ne frappe pas avant d'entrer, ne s'annonce pas (sauf les guêpes et les mouches dont le bourdonnement est un gong de politesse), il s'insinue le plus souvent dans votre intimité sans y être invité.

Je me souviens d'une visite chez des amis, je devais avoir dix ans. On ne m'avait pas prévenue : la famille qui nous recevait nous a laissées, ma mère et moi, nous asseoir sur le canapé, puis tandis que nous buvions du thé et mangions des biscuits, la petite fille m'a désigné une brindille qui bougeait dans le pot de fleurs : « c'est un phasme-bâton ». Puis une espèce de feuille morte qui avançait lentement sur le mur : « c'est un phasme-feuille ». Je n'avais jamais vu de phasme ni jamais entendu le mot. La nature de l'insecte, caméléon préhistorique, camouflage d'une efficacité – d'une sournoiserie – sans égale, mais plus encore le concept qu'avaient mis en place ces gens : ils élevaient des phasmes chez eux, dans un aquarium, et les laissaient déambuler dans l'appartement, ce que leurs deux enfants semblaient trouver parfaitement normal – me parut un summum de perversion. Seul un cerveau malade avait pu concevoir un tel projet et me faire subir, à moi, cette épreuve. Je passai tout l'après-midi contrite et méfiante, muscles contractés dans le canapé en cuir, à tenter de circonscrire la présence des nombreux phasmes dans la pièce et de cacher mon trouble, mes démangeaisons, ma panique, ma haine de ces gens chez qui je ne suis jamais retournée. Ma mère, qui avait éprouvé une version atténuée des mêmes sentiments, me fut, je crois, reconnaissante de légitimer un départ légèrement anticipé et de formuler dans l'ascenseur quelque chose comme de la révolte.

La phobie de l'insecte, attracteur étrange et inquiétant, n'existe qu'en ville. À la campagne l'insecte n'a rien d'étrange, et l'inquiétude qu'il suscite est le plus souvent motivée, liée à son danger objectif. Ma mère qui vit à la campagne aujourd'hui a appris à tolérer les araignées, elle ne les tue plus que deux fois par an lorsque je lui rends visite, pour épargner mes nerfs de citadine. Au Québec, la nature est si présente, jusqu'en ville, que les arachnophobes sont minoritaires, et ma panique passe pour de la coquetterie.

Ce n'est pas tant la nature de l'insecte qui me dérange : la mouche est d'autant plus dégoûtante qu'on la trouve dans son assiette.

L'insecte ne me ressemble pas, je ne peux pas le contrôler (il est trop petit) ni communiquer avec lui. Son étrangeté est irréductible et l'incongruité de sa présence dans mon appartement me fait sursauter.

L'intrusion, par son caractère imprévisible et incongru, met en péril mon intimité, ma sécurité. La frayeur est proportionnelle à la promiscuité : si l'araignée arpente mon rideau de douche, ma nudité me rend vulnérable et c'est un Hitchcock qui se joue dans ma salle de bains.

L'insecte est cet étranger absolu, glissé dans mon lit à la faveur d'une fenêtre ouverte.

L'insecte est ce rival insoupçonné, l'amant dans le placard, la maîtresse *backstreet*, qui contraint le cocu à relire, rétrospectivement, les six derniers mois, ou années, de sa vie conjugale, à la lumière de la trahison, de la crédulité, de la duplicité. L'insecte est ce caillou dans ta chaussure que tu ne sentais pas mais ton pied est si écorché à présent que tu ne peux plus marcher. L'insecte est un scandale parce que nous l'ignorions.

Il y a deux façons de lutter contre l'arachnophobie, et contre la terreur du cocufiage : laisser sa chambre ouverte à tous les vents (on ne sera pas surpris d'y trouver des intrus) ou renoncer à en avoir une et préférer squatter la chambre des autres : le plus sûr moyen de ne pas craindre l'araignée, c'est d'*être* l'araignée.

La chasse au papillon

Dès qu'on nomme l'organe, je le sens. Il fait sa place en moi. Mon corps lui crée des douleurs sur mesure. Par lui j'essaie d'expliquer toutes les douleurs. Même mon hypocondrie disparaît : mon papillon la discrédite. Je ne suis plus folle, mes angoisses, mes maux ont un objet. Je suis peut-être en danger de mort mais j'ai gagné.

L'organe a donc un nom, un champ sémantique, un diamètre, une localisation précise, mais il ne peut avoir de consistance ni de forme. Il faut qu'il demeure une idée. Je n'ai jamais mangé de ris de veau de ma vie et je ne crois pas avoir déjà vu quiconque en manger, mais à Montréal c'est très couru et je ne remarque plus que cela sur la carte des restaurants. J'interdis formellement à mes amis d'en manger en face de moi, je quitte la table pour ne pas voir ça, j'ai l'impression qu'on me dévore. Je me fâcherai avec le nouveau chef de mon restaurant préféré qui en a fait sa spécialité : c'est ma poitrine qu'il découpe et qu'il rissole, je me sauve pour ne pas en sentir l'odeur.

Au mois de mai le TEP-scan a confirmé que le papillon était vivant. J'étais accompagnée par deux amies chères, compatissantes et plus inquiètes que moi ce jour-là, qui ont pris ma peur sur leurs épaules pour m'en ôter le poids. J'avais refusé la proposition de Francis de venir avec moi : il se souvenait du jour où il y avait accompagné Thierry.

Je quittais Montréal pour cinq semaines, le pneumologue m'a promis une biopsie au retour. Je ne devais pas avoir peur : au pire on me couperait le cou comme pour une thyroïde, à peine vingt-quatre heures d'hôpital et dans un an ça ne se verrait plus. Mon séjour en Europe fut heureux. Je vivais un peu plus vite que d'habitude, sous la pression du papillon. Une amie d'enfance devenue médecin me raconta qu'elle avait eu récemment un jeune patient opéré du thymus. On n'avait pas procédé par le cou mais par le flanc. Quatre incisions. « L'avantage du cancer du thymus », c'est qu'on peut enlever tout l'organe, du coup pas de récidive.

J'ai commencé à photographier mon cou. Le pneumologue a téléphoné. Il me savait encore en France. Il disait qu'il avait parlé avec le radiologue, qu'une biopsie ne pouvait être envisagée, en raison de la situation géographique du papillon : on risquait d'atteindre une veine. À défaut de biopsie il fallait enlever le papillon, vénéneux ou pas.

On prit rendez-vous pour le lendemain de mon retour. Il avait une voix douce, un peu trop détachée pour être sincère. En raccrochant j'ai ouvert une bouteille de rosé pour me donner du courage et j'ai composé le numéro de mon premier amour que j'hésitais à appeler depuis un mois. Au cas où je mourrais en août, le voir une dernière fois. Puis je suis allée à l'hippodrome avec mon père. Dans le rétroviseur j'ai photographié mon cou. J'ai commencé à serrer les dents.

Je suis rentrée à Montréal le 12 juillet. J'ai vu le pneumologue le 15. Le chirurgien le 19. Le chirurgien a prononcé pour la première fois le mot «tumeur». Il a dit qu'on ne pourrait pas passer par le cou. Qu'on passerait par le flanc. De la microchirurgie, avec des pinces et une caméra que l'on glisserait doucement entre mon poumon et mon sein droit. – Pourquoi à droite ? – Parce qu'à gauche, il y a le cœur.

Je ne sais plus si c'est ce jour-là qu'il a dit : si on n'y arrive pas comme ça, il faudra casser le sternum. J'ai commencé à me voir en créature de Frankenstein, avec des coutures sur la peau, la poitrine enflée. Peine perdue d'en parler aux amis : la consolation n'est possible qu'une fois le malheur advenu. La roulette russe de mon corps n'admettait pas d'apaisement. Il me restait trois semaines. Montréal m'est devenue intolérable : passer chaque jour devant l'hôpital où Thierry était mort et où je serais opérée. Chaque sirène d'ambulance déclenchait en moi un tourbillon panique, ma poitrine se creusait comme un siphon. Un soir j'ai mis mon ordinateur dans une valise et je suis allée prendre un bus pour Rimouski, puis un autre pour Carleton-sur-Mer, je voulais voir la mer. Et encore un autre pour Percé. Le rocher Percé c'était un peu mon corps en plus grand. Je n'ai pensé qu'après au refuge sémantique de la métaphore. Tant qu'on peut penser le mal, s'en rendre maître. Oublier que je suis toute petite et que je ne maîtrise rien. Ou plutôt : l'accepter comme une bénédiction. Aimer cette nature plus grande que moi. Sur l'île de Bonaventure que je traverse presque en courant, chanter à tue-tête et remarquer que les fous de Bassan vivent au milieu des cadavres de leurs petits.

J'ai fait le tour de la Gaspésie en bus, en m'arrêtant dans des motels, et je me suis sentie très vivante d'avoir cette menace qui pesait sur moi.

Le complexe du romancier

Le problème, lorsqu'on tente de donner du sens à la vie en écrivant des livres, c'est-à-dire en transformant cette vie – organique, mouvante, imprévisible – en totalité signifiante, c'est qu'on finit par perdre de vue la source en tant qu'achèvement premier. Étape 1 : la vie est décevante. Ce n'est pas grave, crient ensemble les amis les parents et même le pneumologue : tu en feras un livre. Les plus désespérés sont les chants les plus beaux. Nulle consolation à transformer sa merde en livre. Quoique : question d'orgueil. Étape 2 : cristallisation des malheurs en anecdotes, des larmes en lyrisme. À la Villa Médicis j'ai rêvé une nuit en grelottant de fièvre que mon urine et ma salive précipitées dans une bouteille en plastique avaient donné des cristaux que nous exposerions à la prochaine exposition collective des pensionnaires. Métaphore très exacte de mon art : les sécrétions de mes souffrances sont à la disposition du grand alchimiste pour en faire des vitraux. Là est leur seule valeur. Étape 3 : je ne vis plus que pour cela puisqu'il n'y a que cela que je maîtrise un peu. Je traite la vie comme un chantier de livre. Au lieu de la vivre et de voir, et de m'émerveiller éventuellement devant ce qui arrive, de me laisser traverser par la magie de l'instant, je programme, je rature, comme les joueurs d'échecs je tente d'anticiper les coups et ne parviens à dormir que si j'ai plusieurs coups d'avance. Si je ne peux prévoir alors du moins tentons de penser : si je meurs cet été emportée par un papillon, quel aura été ce roman de ma vie ? Chaque instant : et si le roman s'arrête là est-ce que ça tient ? Je ne voudrais pas être emportée sans l'avoir prévu, avec cette sorte de honte de ne pouvoir dissimuler ce qui cloche. J'ai toujours eu honte pour les cadavres, je les regarde le moins possible, pour ne pas les trahir. Chaque instant : qu'est-ce que ça aura voulu dire si on écrit le mot fin ici ? La morale de l'histoire ?

La vie, je veux dire la consistance de la vie, est toujours désespérément moins importante que la forme que je peux lui donner, ou qu'elle semble prendre en tant qu'histoire. Était-elle intrinsèquement médiocre ou l'est-elle devenue parce que je m'acharne à la regarder comme un schéma narratif ? Parce que je ne mise finalement que sur « la gueule que ça a » ? Attention : il faut une certaine dose de désespoir pour en arriver là. Je suis peut-être devenue comme ces acteurs qui ont si bien digéré Stanislavski qu'au moment de souffrir ils se regardent dans le miroir en notant l'angle du rictus. Peut-être que ça les sauve. Peut-être que ça les tue plus vite. Le pire : ça n'amoindrit ni ne calme leur souffrance. Au mieux ça l'encadre, ça la souligne.

Au moment où mon papillon se déclare, il me déclenche une rage de vivre insoupçonnée. Persévérer dans la vie me semble soudain très précieux. La force des condamnés. Je pars avec un ordinateur et un cahier, mais j'écris peu. Je regarde autour de moi. Je pense à Cyril Collard, l'idole de mes treize ans : « … mais ce n'est plus ma vie : je suis dans la vie. » Il faut sans doute se sentir vraiment en danger pour éprouver que la peur de mourir est supérieure à la peur de vivre. Le soulagement d'être confrontée à une peur qui surpasse enfin mes peurs.

Viol

La peur du viol, les pornographes et les psychanalystes savent cela, est aussi l'envers du désir, son refus, son repli. Ce désir n'est pas réel, il ne cherche pas d'actualisation, il est fantasmatique, prend le pire pour s'y incarner, mais il ne s'incarne pas il danse, il joue dans le crâne entre l'image et la menace, comme une superstition si tu y penses trois fois finira-t-elle par advenir ? Je pense à ne pas y penser, ce faisant, j'y pense. Tandis que je le redoute, je me le figure avec une précision coupable. L'opération à venir était un viol : je serais nue étendue sur une table avec plusieurs personnes autour de moi. Combien ? On m'injecterait un genre de GHB directement dans le sang. On manipulerait mon corps sans volonté, sans conscience, on me glisserait un tuyau dans la bouche, on lèverait mon bras droit, on le scotcherait au-dessus de ma tête, on me tâterait le sein et les côtes, on m'enfoncerait une lame dans la peau entre les côtes, ça saignerait un peu, quatre fois, en quatre endroits différents, et des tubes, qu'on ferait glisser dans ma chair, et une caméra, et on regarderait sur un écran l'intérieur de moi, et on couperait avec une pince ce truc de cinq centimètres qui n'avait rien à faire là.

Je ne sais pas ce qu'ils se disent, ce qu'ils regardent, ce qu'ils voient, ce qu'ils font, ce qu'ils pensent. Je suis là sans y être. À la merci de leurs mains.

Le plus urgent

Ce matin-là des fleurs avaient poussé sur mon balcon, dans le vieux pot de chrysanthèmes vide depuis deux ans : des gueules-de-loup, jaunes et rouges, très jolies, qui me semblaient personnellement adressées. Le 11 août 2013, jour de la Sainte-Claire, j'entre à l'hôpital Notre-Dame, Martine et Franck sont venus me chercher pour m'aider à accomplir les cinq cents mètres qui me séparent du bureau des admissions. Je fume une dernière cigarette dans le parc La Fontaine en leur compagnie, puis une toute dernière à vingt-deux heures dans la cour intérieure avec un brancardier qui m'a montré le chemin. Mon infirmière s'appelle Publie. Je demande un somnifère au cas où mais je ne le prends pas. Je ne dors pas mais j'attends sagement le matin. Ma voisine de chambre me raconte ses complications post-opératoires et j'ai envie de l'étrangler pour la faire taire. Nulle compassion ici. Sauve ta peau d'abord.

À cinq heures du matin j'écris les deux dernières pages de mon journal au cas où. Tout donner à Jérôme. L'appartement, les manuscrits. Publier mes textes. Dire à X et Y et Z que je les aime. Qu'on m'enterre à Prague ou qu'on disperse mes cendres au pied du rocher Percé.

Je me promets aussi de savoir comment vivre si je survis. De m'appliquer. De ne plus perdre mon temps. Ça essaie d'être beau. «Toujours la superstition qui m'étreint, que ces lignes soient les dernières.» (j'ai écrit qui m'éteint) Puis il n'est plus temps :

Mot de passe : clémence447
VAIO : 212121
Facebook / mail : melantrichova

On vient me chercher. Le chirurgien m'explique que mon opération n'est pas à risque, qu'elle réussit dans 95 % des cas. Dans les 5 % qui restent, on est obligé de casser le sternum. On m'enlève mes lunettes. Sur le brancard je ne vois plus rien. L'infirmière cache mes pieds sous le drap : normalement vous n'avez pas droit au vernis.

Dors

Je suis très myope, c'est déjà un demi-sommeil. Sur mon brancard j'ai abdiqué toute volonté, je persévère dans ce qu'on m'impose, j'accompagne le mouvement. Je suis un objet. Un morceau de viande. Depuis des années j'essaie de me résigner à être ça et voici enfin le moment advenu. Je n'avais pas été hospitalisée depuis mes dix-sept ans. Je me laisse faire. Je voudrais que ça passe vite. Mettre au repos ma conscience qui veille depuis vingt-quatre heures, que toutes les résistances en moi se relâchent, que mes muscles deviennent mousse. Sur le brancard d'à côté une femme veut faire la conversation. Elle est tout excitée : c'est pour une reconstruction mammaire. Elle a réchappé à son cancer il y a six mois. Elle est galvanisée et me vante les progrès de la chirurgie moderne. Son opération va durer sept heures – la mienne seulement quatre – ils vont lui prendre de la graisse des cuisses pour la lui injecter dans le sein. Le rêve de tant de femmes. Je ne distingue pas son visage.

Je m'abandonne déjà à mon rêve. Je suis amoureuse. C'est peut-être un réflexe de survie : depuis qu'on m'a dit que j'avais un thymus et qu'il fallait l'enlever, je me suis attachée à cet homme que je connais à peine mais qui peuple ma solitude. Je glisse dans mon rêve, ça m'aide. Quelques personnes autour de moi me parlent et je voudrais qu'elles se taisent, qu'elles me laissent m'abîmer dans ce rêve qui est une bouée. Je flotte.

On m'éloigne de ma voisine affable et de son sein. On m'emmène dans un couloir. Trois jeunes gens – une femme et deux hommes – viennent me voir. Ils sont anesthésistes. Ils ont une question à me poser. Pour eux c'est une question rhétorique, ils doivent me la poser : est-ce que je suis d'accord pour qu'on me fasse une épidurale en plus de l'anesthésie totale ? En France, épidurale se dit « péridurale ». On en fait essentiellement aux femmes enceintes. Je suis étonnée. Pourquoi ? Pourquoi me faire cela alors que mon opération n'est pas à risque ?

— C'est le chirurgien qui le demande. Si jamais il y a des complications et qu'on doit casser le sternum, c'est très douloureux, l'épidurale permet de vous « geler ». N'ayez pas peur. L'épidurale fait peur à cause des risques de paraplégie, mais dans 95 % des cas ça se passe très bien.

Je ne suis pas forte en maths et je me demande : « 95 % + 95 % ça fait combien ? »

Je veux bien mourir, ne jamais me réveiller, j'en envisage depuis un mois l'éventualité. Celle du cancer aussi. Celle de la poitrine Frankenstein depuis qu'on a prononcé le mot sternum. Mais me réveiller paraplégique, non. Je n'ai pas eu le temps de me familiariser avec cette idée.

Elle dit : « Il va falloir vous asseoir, ce sera bref, vous nous guiderez en toussant, pour qu'on pique au bon endroit dans la moelle épinière. » Je crois que c'est là que je refuse. Non : me redresser, participer, avoir une responsabilité. Non. Je veux qu'on m'endorme et qu'on n'en parle plus. Tousser en me disant que si je tousse mal je serai peut-être, à 5 %, paraplégique, non. Roulette russe, au-dessus de mes forces.

Le jeune homme semble paniqué : « Mais c'est que… on n'a pas tellement le choix en fait. C'est un ordre du chirurgien. »

Pauvre petit : tu prendrais le risque de me paralyser pour ne pas déplaire à ton chef ?

La fille va téléphoner. Elle va appeler le chirurgien, lui dire que je ne veux pas. Lui demander si on peut laisser tomber l'épidurale. Pendant ce temps, sa collègue vient me faire des sourires que je distingue mal. Elle a dû faire des études de marketing : elle me présente l'épidurale comme un luxe qui n'est pas offert à tout le monde, un peu comme si on m'offrait la climatisation en série. Elle parvient presque à me convaincre. Je dis qu'il sera bien temps de me la faire après l'opération si on m'a pété le sternum et que la morphine ne suffit pas à calmer mes souffrances. Elle argumente mais ce serait plus pratique de vous la faire maintenant, on aurait moins de chances de se tromper. Je suis sur le point de craquer quand sa collègue revient : on annule tout, le chirurgien est d'accord pour se passer d'épidurale. Je pleure de soulagement. Cette fois vous allez m'assommer vite fait et qu'on n'en parle plus.

Vérification d'usage : vous vous appelez comment ?

Vous avez quel âge ?

Vous pesez combien ?

Quel type d'opération allez-vous subir ?

— Une thymectomie.

On passe enfin la porte. Lumière. Tendre le poignet gauche. Éblouissement. Angoisses diffractées dans le corps en microparticules. Volupté de la viande à l'étalage.

The King of the World

Les statistiques ne mentent pas : tu as survécu. En ouvrant l'œil tu distingues le sourire confiant d'Élisabeth. Tu éprouves pour tes amis une sorte de gratitude cotonneuse : ils sont là et tu n'es pas morte. Tu tâtes vaguement ta poitrine : le sternum a l'air entier. Grâce à la morphine tu ne sens presque rien. Tu penses : et dire qu'ils m'ont fait si peur. Tu nargues mentalement l'anesthésiste : alors, j'ai bien fait de te la refuser, cette épidurale, non ? Tu en voudrais presque au corps médical de t'avoir inquiétée pour rien. Et puis tu te rendors.

Tu flottes. Tu ne prends conscience des choses que par bribes, par instants. Tu regardes les gens autour de toi, le va-et-vient des infirmières te semble assommant. L'odeur de merde du lit d'à côté. La fenêtre restée ouverte toute la nuit pour oublier l'odeur, au risque de te faire prendre froid. Tu es frileuse. Et le risque post-opératoire est remonté à ta surface lorsqu'on t'a tendu ce jouet bleu dans lequel il faut que tu exerces ton souffle dix fois de suite toutes les heures à faire remonter la boule à l'intérieur du tube et ça te rappelle le méridien de Greenwich.

Au bout du troisième jour, le service est bondé, on te transfère au cinquième étage. On t'installe à côté d'une anglophone qui a l'air très malheureuse mais qui est très entourée, de famille, de fleurs, de dessins, de cadeaux et d'employés en tous genres – infirmières, diététiciens, physiothérapeutes, etc. Elle doit être réopérée demain, elle a peur. Tu ne restes pas longtemps seule avec elle mais comme elle se morfond dans son lit, comme elle pleure de peur tu lui prends la main tu lui demandes ce qu'elle a : elle a été opérée déjà sept fois du cerveau. Demain, ils vont lui remettre un bout d'os pour lui refermer le crâne. Tu dis que le pire est passé, une banalité du genre, et tu te demandes dans quel état tu serais après sept opérations du cerveau.

Tu t'isoles du mieux que tu peux, tu ne veux pas voir l'hôpital. Tu sais qu'il regorge de motifs d'angoisse. Tu as de la musique dans les oreilles, en permanence, et tu pompes de la morphine à la moindre douleur. Tu t'enfermes dans ton rêve : cet homme que tu t'es mise à aimer un peu magiquement viendra te chercher et t'enlèvera sur son beau cheval. Cette image est d'une efficacité redoutable : elle te donne envie de cicatriser. Elle te rend aussi plus souriante, plus aimable, plus vivante au-dedans. Dans ton quasi-sommeil tu galopes sur les plages de la Gaspésie, tu cours dans les montagnes, tu traverses l'île de Bonaventure et cette fois tu n'es plus seule. Tu tends le bras : quelque part dans le tiroir de ton chevet une agate rose veille sur toi comme un talisman. L'avenir t'appartient. Cette fois, tu te le promets, tu ne vas pas tout foirer. Seconde chance, presque *born again*, pour un peu tu deviendrais exemplaire. On dirait George W. Bush. Tu y crois mordicus. Tu n'as pas tellement le choix.

On vient te chercher, il faut que tu marches un peu. On t'a apporté un cadre, comme pour les vieux, tu vas pouvoir faire tes premiers pas dans le couloir. Tu enfiles tes ballerines, tu te redresses. L'infirmière t'accompagne, on dirait que tu as fait d'énormes progrès depuis hier où juste aller aux toilettes était un calvaire. Tu avances assez rapidement. Tu souris. Tu croises le brancardier d'hier qui te félicite. Tu vas jusqu'au bout du couloir et tu jettes un œil sur la gauche avant de faire demi-tour : le panneau indique les soins palliatifs. Tu reconnais le couloir jaune où tu es venue voir Thierry l'an dernier.

« Si je ne tue pas ce rat il va mourir. »
(Beckett, *Fin de partie*)

Il m'arrive de discuter avec mon père, lui tard le soir, moi fin d'après-midi, par ces moyens magiques de communication qui nous rapprochent en dépit des sept mille kilomètres que l'expatriation a mis entre nous. Aujourd'hui Papa écrit : « Matou noir n'est pas venu ce soir. » Tous les soirs, depuis des mois, mon père descend devant l'immeuble vers vingt-trois heures donner à manger à Matou noir. Au début le chat se laissait caresser. Puis il est devenu de plus en plus faible et malade. Ces derniers jours il n'arrivait plus à avaler. Plusieurs fois on a cru qu'il allait mourir. Puis il est allé mieux. Plusieurs fois, son absence a laissé craindre le pire, mais il réapparaissait toujours. Chaque fois j'ai peur que ce soit la dernière. Pour Papa. J'ai peur parce que ça lui fera de la peine. Et ça me bouleverse, cette peine de mon père. Ça me fait penser à la distance que j'ai mise entre nous, ça me fait penser à la mort de ma grand-mère – la dernière fois que je l'ai vu pleurer. Je l'imagine tout seul devant l'immeuble à onze heures du soir avec sa gamelle pour un chat qui ne vient pas. J'imagine sa peine et je l'aime d'avoir cette peine.

C. fait peut-être piquer les animaux pour en finir avec cette douleur-là. La maîtriser c'est déjà l'affaiblir un peu. Pour soi-même. S'en rendre maître. Le pire, je le sais, c'est l'imminence des choses, leur caractère inéluctable et leur temporalité incertaine. *Fuir le bonheur de peur qu'il ne se sauve.* Tuer cet animal mourant pour qu'il ne souffre plus certes, mais aussi pour cesser soi-même de subir cette souffrance empathique différée qui est une torture parce qu'on n'y peut rien. Ce qu'elle ne comprend pas, c'est que ça ne peut pas fonctionner pour Papa. Parce que si c'est elle qui décide, le soulagement n'advient que pour elle. Mon père essaie toujours de prolonger la vie des animaux mourants que C. emmène les uns après les autres mourir chez le vétérinaire pour ne plus les voir souffrir.

Il y a quelque chose de l'orgueil démiurgique du romancier dans le fait de vouloir décider de la mort d'un être vivant. Ne pas se laisser submerger par la nature, sa violence et son absurdité. Être Dieu pour les autres.

Drama Queen

Il faut attendre trois semaines pour le résultat : savoir si mon papillon était un nénuphar. C'est le 30 août, demain ça fera un an que Thierry est mort. C'est la première fois que je sors dans la rue depuis l'opération : je marche comme une vieille dame, mais je souris. Je n'ai pas peur. Si c'était un cancer, je ne l'ai plus. Voilà ce que mon cerveau amoureux me dicte, car tout à l'heure je vois cet homme dont l'image m'a donné envie de vivre tout l'été. Il fait soleil. La musique du taxi est gaie. J'ai rendez-vous avec mon chirurgien mais avant je dois passer faire une radio du thorax. Devant la porte du service de radiologie les patients attendent assis déjà vêtus de la tunique maison dont les pans s'écartent, laissant voir leur dos. Ce sont des hommes pour la plupart, entre cinquante et quatre-vingts ans. Lorsqu'ils sortent de la cabine, le temps qu'ils aillent se changer, je vois leurs cicatrices qui relativisent les miennes. Un dos balafré de haut en bas. Je pense : ça c'est pour quand on t'enlèvera un poumon. Je n'ai plus mal en y pensant, je distingue la douleur tangible que me font mes plaies de celle, imaginaire, que je m'approprie chez les autres. J'ai de la chance, je le sais, je la savoure, de n'avoir pas comme cet homme le torse coupé en deux.

Le chirurgien confirme : j'ai de la chance. Pas de cancer. Pas cette fois. Les cicatrices ne suintent plus.

«Ca ne paraîtra pas le soir de tes noces», dit-il en souriant. On fera un scanner de contrôle dans six mois, pour le nodule et pour la cicatrisation. Et un autre l'an prochain. Tu ne vas pas t'en tirer comme ça. On va continuer à te flanquer la pétoche une fois l'an jusqu'à ce que mort s'ensuive. En attendant, débrouille-toi avec tes peurs. Tes fausses peurs pires que les vraies.

Litost

C'est Jérôme qui m'a appris il y a quelques années ce que c'est qu'une litost, concept tchèque qu'il a lui-même découvert chez Kundera (*Le livre du rire et de l'oubli*) et sur la définition de quoi les Tchèques arrivent difficilement à se mettre d'accord. La litost, intraduisible en français, c'est le spectacle de sa propre misère. Kundera en fait, au filtre de la fiction, une humiliation, une honte sans gravité mais à laquelle on pourrait repenser, par exemple de façon intempestive, quand on est bien tranquillement installé sur le canapé devant la télé, et elle vous donne des tics nerveux. Il arrive qu'on se gifle en repensant à telle réplique qu'on n'aurait pas dû dire, à tel geste qu'on n'aurait pas dû faire... Les litosts sont récentes ou anciennes, celles du jour sont vivaces, mais les vieilles litosts remâchées sont les pires, elles s'incrustent et deviennent des mythes. La litost empêche parfois de dormir, elle déconcentre la lecture, elle vous mine l'ego, elle est d'autant plus tenace que vous n'osez la raconter à personne, tant elle est gênante, et tant la honte redouble la honte.

La litost est parfois une toute petite chose insignifiante mais elle tourne dans votre tête comme un moustique et vous ne pouvez pas l'attraper. Une fois oubliée, digérée, elle peut ressusciter à la faveur d'un mot entendu à la radio, d'un verre cassé, d'une rencontre fortuite… La résurrection intempestive des litosts peut être handicapante dans la vie quotidienne. Il y a des mots qu'on ne peut plus dire, des chansons qu'on ne chante plus, des personnes qu'on néglige pour la seule raison qu'elles ravivent le souvenir désagréable d'une litost qu'on préfère enterrer. Depuis que je sais que cette petite teigne s'appelle une litost, j'ai l'impression de la domestiquer davantage. Poser un diagnostic est un premier pas vers le soulagement. Ce lapsus horrible, cette braguette ouverte, ce gadin, cette réponse idiote que vous vous reprochez, ça porte un nom, un nom tchèque.

La peur de la litost n'est pas également répandue entre les êtres, certains y sont particulièrement sensibles et la fuient de toutes leurs forces, mais il n'existe qu'un seul moyen de s'en préserver totalement, c'est la misanthropie. La litost est une maladie sociale : plus vous multipliez les contacts avec l'extérieur, plus vous vous exposez. Les soirées mondaines sont des réservoirs à litosts, comme les réunions de travail, les festivals du livre, ou le fait d'enseigner à l'université (ou ailleurs). Les hommes politiques sont de formidables digéreurs de litosts, moi je me serais jetée par la fenêtre une bonne dizaine de fois si j'avais le palmarès de certains. Les animateurs de télévision aussi. Pour digérer les litosts, certains mangent au-delà du raisonnable, d'autres fument, boivent ou se droguent, d'autres encore en viennent à mépriser la terre entière, et puis il y en a sur qui ça glisse tout seul, ils peuvent les aligner à longueur de journée sans presque s'en rendre compte, et ceux-là sont des humanoïdes nimbés de mystère, à tout jamais étrangers.

En tentant de focaliser mon attention sur le livre à écrire, je me donne de petites tapes sur les joues pour tenter de chasser le souvenir du séminaire de sociocritique où j'ai, la semaine dernière, tenté d'expliquer à une quinzaine d'étudiants québécois que l'expression « à Marseille on n'est pas des pédés » est une expression de stade qui tient plus de la couillonnerie régionale que de la haine de l'homosexuel. Ayant constaté rapidement l'échec cinglant de mon entreprise, j'ai su qu'elle reviendrait me tourmenter au coucher. Les petites gifles que je me donne ont plus la fonction symbolique de la punition (t'as été conne) que celle de détourner mon attention via la douleur physique, preuve que, même dans la honte et la culpabilité, je dois être encore beaucoup trop douce avec moi-même (et avec les beaufs marseillais, qui sont homophobes par culture plus que par conviction, et pour qui je conserve en dépit de tout une certaine tendresse).

La paranoïa du paranoïaque

Il faut faire attention quand on a des tendances paranoïaques : d'abord, on croit que les gens sont méchants. Ça, c'est la base. Mais quand on est paranoïaque depuis un certain temps, on a commencé à s'y habituer, à tenter de lutter contre. On est alors prévenu contre cette vision déformée qu'on sait qu'on a des relations humaines, et on met en place des stratégies de compensation. Chaque fois qu'un quidam vous lance un regard noir, on se dit : l'enfoiré, qu'est-ce qu'il me veut, et aussitôt après : non, ce doit être un effet de mon imagination, cette personne est probablement charmante et dénuée d'intention de nuire. Et on se botte les fesses pour adopter un comportement sympathique à l'égard du quidam. Il se trouve que, de temps en temps, l'intuition première était la bonne : le quidam est vraiment un enfoiré. Une fois l'enfoiré démasqué, on aura la sensation désagréable de s'être fait avoir sur un terrain où l'on ne pensait plus pouvoir se faire prendre encore : l'excès de confiance. Cela relève de la *paranoïa au carré*, qui aboutit le plus souvent à de la naïveté, merde alors. Là, les sentiments du paranoïaque sont mitigés : d'un côté, il est rassuré d'avoir vu juste. Il se dit : je n'étais pas fou. Je faisais seulement preuve d'intuition. En même temps, le paranoïaque est vexé comme un pou de s'être fait prendre au piège, lui qui, précisément, a sacrifié une partie de sa santé psychique à lutter contre cette éventualité. Cette blessure narcissique – la pire qui soit pour un paranoïaque – produit des effets considérables : 1) Le paranoïaque, jurant, mais un peu tard, qu'on ne l'y prendra plus, est bien décidé à se renfrogner dans sa paranoïa (qui, soyons clairs, lui semble moins dégradante qu'un excès de naïveté), il va donc redevenir résolument paranoïaque pour un certain temps. 2) Il ne faudrait pas que le paranoïaque croise dans la rue ledit quidam effectivement mal intentionné, car l'agressivité du paranoïaque est remontée comme un coucou, et il s'en faudrait de peu qu'il ne lui mette son poing sur la gueule.

La peur des coups

J'aime les hommes grands comme certains hommes petits aiment les gros chiens. Comme s'ils avaient le pouvoir de me protéger. C'est peut-être parce que ma grand-mère boitait, ou parce qu'on n'est pas sportifs dans la famille, ou parce que je n'ai pas de force dans les bras. Je ne sais pas me défendre. Ma défense, c'est mon jugement. Je ne crie ni ne frappe. Ça je ne sais pas le faire. Aussi je ne me trouve jamais en situation de conflit qu'avec des intellectuels. Si j'avais déjà été en situation de me défendre, peut-être saurais-je que je sais, mais j'en ai si peur que je nourris plutôt la certitude prudente de mon incapacité. Derrière tout conflit évité il y a la peur des coups.

En arrêtant de fumer, j'ai commencé à faire du sport, non pas pour correspondre à un modèle idéologique qui me fait horreur (mais sûrement un peu tout de même : il est très difficile de résister à l'Amérique du Nord, ses parcs et ses joggeurs) mais parce que la somme des dépendances étant toujours égale, j'ai remplacé la nicotine par la dopamine, à quoi je suis devenue *addict* très rapidement. Mes muscles, encore très discrets, sont des trophées que je contemple avec satisfaction.

Mon beau-père nous racontait à Noël comment il s'était fait attaquer par deux punks dans sa jeunesse, et comment il les avait mis en fuite avec, je crois, un opinel. Le récit m'a beaucoup impressionnée, parce que je me sais incapable de réagir physiquement comme il l'a fait. Ce que j'ai toujours considéré comme une marque de civilisation, ma couardise, me fait un peu honte, à mesure que je me fabrique des muscles.

À huit ans, je me suis mise à pleurer pour une gifle de théâtre. La comédienne qui jouait ma mère est venue s'excuser en coulisses. Elle ne m'avait pas fait mal : c'était l'humiliation d'avoir été frappée. Elle avait bien fait son travail, et moi le mien sans doute, au-delà des espérances.

J'aimerais qu'il y ait un punching-ball dans la salle de sport de mon immeuble. Je lui défoncerais la gueule et ça me défoulerait. Et ça épaissirait mes poignets, mes biceps. Et je lui filerais des coups de pied aussi.

J'ai fait du tir sportif. Pistolet 22 long rifle. Je butais mes ennemis dans la cible. Le pas de tir est l'endroit le plus paisible du monde. Chacun y est docile – terrassé par la conscience des conséquences d'une erreur, d'un faux mouvement, dompté par le bruit des coups de feu qui ne laisse jamais oublier la mort qui rôde, à portée de main.

J'ai rempli les papiers pour la demande de détention d'arme. Je les ai apportés au commissariat. J'ai signé une déclaration sur l'honneur que je n'avais jamais été en hôpital psychiatrique (c'est une condition en France pour obtenir l'autorisation). J'ai acheté un coffre conforme. J'ai commencé à choisir mon arme. Au moment de l'acheter je me suis défilée. Je ne voulais pas avoir une arme chez moi. À la limite je l'aurais laissée au club. Mais à la maison on ne sait pas ce qui peut se passer. Un soir après une dispute. C'était plus au suicide qu'au crime que je pensais. L'incapacité supposée où je suis de me défendre m'a toujours portée à retourner la violence contre moi.

Viol 2
« Le rapport de l'auteur au lecteur est analogue
à celui du mâle à la femelle. » (Sartre)

Aujourd'hui j'ai lu un livre. Un roman. En entier. Ça
ne m'était pas arrivé depuis longtemps. Je n'ai pas
pris de gros risques : j'avais vu l'adaptation au cinéma
il y a quelques années. Et puis j'ai feuilleté la fin, en
comprenant que les gens font généralement cela pour
se rassurer, ne pas se laisser prendre, et ce faisant,
ils se privent d'une part considérable du plaisir qui
consiste justement à se laisser prendre.

J'ai commencé à lire tard. Jusque vers dix ans
j'ai connu le délice de l'esclavage : on lisait pour
moi. Mon père comédien faisait la voix des cinq
personnages du Club des cinq, et ma grand-mère
maternelle m'endormait avec la Comtesse de
Ségur. Je n'ai compris que très récemment que ma
fascination pour le prénom Camille venait des *Petites
filles modèles*. J'allais au théâtre tous les week-ends,
c'était facile : mon père faisait la mise en scène, et
c'était difficile : il montait du Arrabal.

Je lis de moins en moins. Il paraît que c'est
fréquent, un des symptômes de la dépression par
exemple, fermeture sur soi, prudence : on prend de
moins en moins le risque de se laisser bouleverser,
de se laisser envahir. Je lis parce que j'y suis obligée,
pour mon travail. Une partie de mon travail consiste
à lire les travaux des autres. Lire avec un stylo à la

main n'est pas lire vraiment. C'est demeurer actif en face d'un texte que l'on domine, quelle que soit sa qualité, on est hors du texte, juché au-dessus, il vous pénètre mais vous avez mis votre capuchon : quelle que soit l'émotion qu'il suscite, et il peut en susciter de très fortes, vous êtes « armé » : muscles gainés, les coups de poing dans le ventre ne sont pas indolores mais ils ne présentent pas de danger. Je lis des morceaux de livres. En morceaux, les livres sont presque inoffensifs.

Je lis peu car lire revient à se laisser pénétrer. Selon cette représentation tenace : Lire = passif. Écrire = actif. Écrire pour une femme est contre nature. En écrivant je me libère de ma condition femelle de proie, d'assiégée. Lire est un recul, un renoncement. Je ne peux écrire et lire à la fois. La plupart du temps, si j'ai le choix, je choisis l'écriture. Mais je ne peux écrire qu'en digérant ce que j'ai lu. Je choisis mes nourritures en fonction de la déglutition escomptée. Je feuillette, diagonale, comme on contracte le périnée. Je ne me laisse pas pénétrer par ce que j'abhorre, ce qui m'inquiète, ce que je ne désire pas, ce qui pourrait me déranger. Je passe à côté de nombreux coups de foudre. Je n'ai pas le temps, mes jours sont comptés et peut-être aussi les quantités d'images que mon cerveau peut produire. Je me défends des écritures étrangères dont je ne veux pas porter la blessure. J'ai tort, je ne fais pas exprès, j'attends que ça passe. Parfois je me force. J'écris pour te pénétrer, toi lecteur, et c'est ma revanche sur la physiologie.

Métaphysique de la bourgeoisie

Les héros de Zola n'avaient pas de problème psychologique. Ils n'essayaient pas d'arrêter de fumer. La procrastination – mot et concept – leur était étrangère. Pas le temps de se demander s'ils seraient capables de travailler. Le vide existentiel, la panique lancinante qui berce mes jours sans tabac est un symptôme géopolitique. Je suis de cette époque, de cette classe, qui peut se permettre de chercher un sens à sa vie. Je repense à cette phrase écrite par le jeune Philippe sur le Musset de mes treize ans : «Je suis stupide de croire que le danger vient de l'extérieur.» Nous sommes d'une civilisation paisible, menacée ni par la guerre, ni par la faim, et nous cultivons en nous-mêmes les monstres qui nous dévorent. Une génération occupée à mesurer sa vitesse d'autodestruction.

Thomas Ostermeier dit en souriant, à propos de l'ex-RDA : c'était peut-être le paradis. On avait des Trabant au lieu des Mercedes, mais on pouvait boire. Et on n'avait pas mauvaise conscience.

J'ai entrevu cela à Prague, où la sacralisation des libertés après quarante ans d'occupation communiste ne permet pas encore d'envisager l'interdiction du tabac dans les lieux publics. La vie est une question de priorités, disait une publicité de mon enfance : si tu te demandes comment gagner ta vie, tu te demandes moins comment préserver tes bronches et tes neurones. Quand tu bois pour te donner du courage, quand tu bois pour te tenir chaud parce qu'il fait froid dehors, tu ne te demandes pas si tu vas faire un infarctus. Idem pour l'écologie : à Prague ou à Montréal, on ne baisse pas le chauffage en hiver pour préserver la planète. En hiver, on chauffe. Sinon, on meurt.

Pourquoi vouloir à toute force étirer ton espérance de vie alors qu'au mieux tu t'écorches, au pire tu t'ennuies ? Quelle arrogance aussi de croire que tu peux étirer cette vie. Te prendre pour Dieu, pas seulement pour écrire des livres. Défier la nature en la sauvant minute après minute de sa disparition programmée.

Je suis de cette société docile obsédée de son danger intérieur. Ce que je mange, ce que je bois, ce que je fume, comment je baise, ce que je me fais de mal. Si j'avais un danger extérieur à affronter j'aurais sans doute moins peur. À force de prévenir le danger je l'ai fait pousser en moi : il me semble sans doute plus familier, moins périlleux parce que je crois en avoir la clé, la manette, le thermostat. J'avais mon petit danger portatif dans la poche. Je l'appelais Lucky Strike. Il me permettait d'oublier tous les autres dangers qui n'étaient pas actionnés par moi.

La cigarette électronique que j'actionne parfois lorsque la compulsion me revient n'a plus rien de la Lucky Strike de mes treize ans. La clope disait la désinvolture, le grand huit, le cow-boy casse-cou défiant Dieu. La cigarette électronique suinte la trouille du cancer, la repentance, la *rehab*.

Les vieux dans le bus à Nice disent qu'une bonne guerre nous sauverait de la décadence. Ils invoquent encore cette bonne guerre avant de glisser leur bulletin dans l'urne, et lorsqu'ils chantent la *Marseillaise*, ils se persuadent que le sang impur vient de l'autre côté de la Méditerranée. Haïr son prochain est peut-être un moyen, rhétorique mais efficace, de ne pas se haïr soi-même.

La force du destin

Destin, c'est un mot de droite. Individualiste comme une tragédie, suppose des héros, caste élue, de la divinité, et te chuchote à l'oreille qu'il ne sert à rien de te battre pour changer le cours naturel des choses : elles te dépassent.

Francis me raconte le premier cancer de Thierry, sept ans plus tôt. Un cancer du rein dont Thierry était sorti vivant, un rein en moins. Réchapper lui avait donné de la force, l'envie de vivre. Tel que je l'ai connu, Thierry, son sourire, son corps, sa silhouette, son épicurisme, son hygiène de vie avaient été forgés par cette expérience-là.

Réchapper une fois ne vaccine pas contre les périls à venir. Tant que tu es vivant, tu peux mourir demain. La gageure est de parvenir à l'oublier. Je peaufine mon divertissement pascalien. Je me drogue à la dopamine à défaut de goudron, et j'essaie de ne pas prier parce que je sais que ça ne sert à rien.

C'est con d'être fataliste, sauf quand on n'a pas le choix.

Inventaire

Je tente de clore cet inventaire, je me demande ce qui m'a poussée à en accepter le pacte. À l'instant de la fin je tremble encore : l'écriture n'est pas un exutoire. Ou si elle l'est, ne résout rien. J'ai peur de déplaire et cela me rend lâche. J'ai peur de mourir avant d'en avoir admis l'idée. J'ai peur de vivre en vain. J'ai peur de ne plus jamais être aimée. J'ai peur de ne pas vraiment vivre. J'ai peur que ma mère vieillisse et qu'elle meure. J'ai peur qu'elle ne meure jamais et m'oblige à lui briser le cœur en lâchant avant elle. J'ai peur d'avoir pensé à cet homme en vain. J'ai peur que personne ne caresse plus mes cheveux. J'ai peur qu'on m'oublie, j'ai peur qu'on me remplace. J'ai peur de ne plus jamais voir les visages que j'ai chéris si fort. J'ai peur d'oublier jusqu'à leurs traits. J'ai peur de ce que tu vas dire de ce livre. J'ai peur de l'étiquette que tu vas coller sur mon front. J'ai peur de ton déni, de ton mépris, de ta condescendance. J'ai peur de disparaître sous un mot ou deux. J'ai peur de t'avoir donné des armes contre moi.

Table

Achevé d'imprimer en janvier 2015
sur les presses de
Marquis imprimeur

Imprimé au Canada